働き方改革時代の
校長・副校長のための

スクール マネジメント ブック

Tamaoki Takashi
玉置 崇

明治図書

はじめに

中央教育審議会は、2019年1月25日、「新しい時代の教育に向けた持続可能な学校指導・運営体制の構築のための学校における働き方改革に関する総合的な方策について（答申）」を出しました。この答申の「学校における働き方改革の目的」では、「学校における働き方改革の目的は、教師のこれまでの働き方を見直し、自らの授業を磨くとともに日々の生活の質や教職人生を豊かにすることで、自らの人間性や創造性を高め、子供たちに対して効果的な教育活動を行うことができるようになること」と記されています。

「自らの授業を磨くとともに」という文言から、働き方改革は教諭が対象になっているように読み取れ、校長や副校長（教頭）の中には、「我々の働き方改革はどうなったのだ」と不満に思っておられる方がいらっしゃるかもしれません。

また、教職員一人ひとりの働き方の意識改革を進めるには、「管理職のマネジメント能力向上」が必要であるとも述べられています。「私たち管理職は、これ以上どうしたらよいのか」と悩みを深めておられる方もいることでしょう。

この書籍は、このような管理職の方々に、明日に向けての大いなるエネルギーをもっていただくために世に出したと言っても過言ではありません。

教頭6年、校長6年、合わせて12年の管理職経験の中で、私は当たり前とされていた業務を見直して精選するなど、すべての教職員が気持ちよく働くことができるように数々の学校改革を行ってきたという自負があります。また、だれよりも自分自身が学校づくりを楽しんできたという思いもあります。したがって、どのような働き方をするとこのような心境となるのかをお伝えすることに力を注ぎました。

今回もこれまで同様に、明治図書の矢口郁雄さん、大内奈々子さんには大変お世話になりました。新たに書き下ろした原稿や、現役校長時代から連載をしていた日本教育新聞「校長塾　経営力を高める最重要ポイント」の原稿を、私の取組が読者の皆さんにしっかり伝わるように再構成していただきました。おかげさまで、すべての管理職の方がご自身の教職人生を豊かに輝くものにできる書籍となったと思っています。

2019年3月

玉置　崇

もくじ
Contents

Chapter 3 副校長・教頭の働き方の心得

Chapter 4 ミドルリーダーとのかかわり方・育て方

Chapter 5 子どもとのかかわり方・育て方

Chapter 6 保護者、地域とのかかわり方・つながり方

もくじ

Chapter 9

これからの時代の管理職志願者に向けて

Chapter 1

働き方改革の第一歩を踏み出すための心得

「働き方感覚」から変える

「学校における働き方改革に係る緊急提言」が出た。
改革は、言うは易く、行うは難し。
まずは、「働き方感覚」から変えたい。

学校における働き方改革に係る緊急提言

２０１８年８月、中央教育審議会初等中等教育分科会は**「学校における働き方改革に係る緊急提言」**を出しました。

1　校長及び教育委員会は学校において「勤務時間」を意識した働き方を進めること
2　全ての教育関係者が学校・教職員の業務改善の取組を強く推進していくこと
3　国として持続可能な勤務環境整備のための支援を充実させること

「1」の中で、校長は教職員の意識改革をするために、**教職員の勤務時間を把握することや、休憩時間を確保するように示されています。**

提言だけでは何も見えてこない

いかがでしょうか。

この提案を読み、働き方改革への意欲がわいたでしょうか。

「言うは易く、行うは難し」と思われたのではないでしょうか。

緊急提言で指示されなくても、教職員が遅くまで残って仕事をしなくてもよいようにしたい、わずかな時間でも休憩がとれるようにしたい、と校長ならだれもが願っておられることでしょう。

校長を辞めた立場だからこそ言えることですが、これまでこうした提言によって、学校が大きく変わったことはありませんでした。ですから、心にはまったく響きません。

もちろん、働き方改革に反対しているわけではありませんが、この提言では**校長として、どのように動いたらよいかが見えない**のです。

私なら働き方改革のはじめの一歩として、教職員の「働き方感覚」を変えたいと思います。そのために、次のように話します。

「働き方感覚」を変えるとは

皆さん、「働き方改革」という言葉を聞かない日がないほどになりました。確かに多くの方が改革が必要だと思っておられることでしょう。

しかし、かなり大胆な改革がされない限り、改善はされないのではないかと懐疑的な方も少なくないと思います。

私が必要だと考えるのは、まず「働き方感覚」を変えることです。私自身の反省を含めてお話ししますが、**遅くまで学校で仕事をしていることで、自分はよく働いていると自己**

満足していたように思うのです。家族にも、「教師はこんなにも忙しいのだ」と自慢していたところもありました。

冷静に考えてみれば、なんて浅はかな考え方だと思います。仕事に取り組んだ時間だけで自己評価していたわけですから。まずは私も含めて、こうした働き方感覚を変えていきましょう。

具体的な意識改革法については、次項で紹介します。まずは意識を変えることだと思います。

ポイント
「働き方感覚」を変えることが第一歩。

「思い込み業務」を洗い出す

働く時間を短縮する前に業務の見直しをする。
校務分掌ごとに教育効果があると思い込んでいる業務を洗い出す。
教育活動の価値を確認する話し合いをする。

働く時間を短縮するより「思い込み業務」の中止を

働き方改革では長時間労働が問題となっていますが、長時間となる要因を取り除くことを優先すべきだと思います。

そこで、「思い込み業務」がないかを点検してみたらどうでしょうか。

「思い込み業務」は私の造語です。**長年続いている、効果があると思い込んでいる業務**のことを指しています。

例えば、自省を含めてあげてみると、「朝の正門での指導（立哨指導）」です。勤務時間前に正門に立って、登校する子どもとあいさつを交わしながら、時に服装や髪型が規則に反している子どもに声をかけていました。もちろん勤務ではありませんが、何人もの教師が自主的に立っていました。

自分が小・中学生のときから当たり前の風景だったので、教員になってからも、「これが当たり前」と思って、勤務時間前に進んで立哨指導をしていました。

冷静に振り返ると、**勤務時間外に行うほどの教育効果があったのだろうか、そもそも何を目的としていたのだろうか**と疑問が湧いてきます。教育実習生には「教員の大切な仕事です」と伝え、同じように正門に立ってあいさつをしてもらいましたが、改めて「どうして朝早く正門に立つのでしょうか？」と聞かれたら、納得できる回答を返せそうにありません。

朝の職員の打ち合わせを終えて教室に出向き、子どもとあいさつすることと、正門に立ってあいさつすることの効果は違うのでしょうか。

思い込み業務の洗い出しを全教職員で

まずは、校務分掌ごとに、思い込み業務を洗い出す作業をしてはどうでしょう。

例えば、環境整備部会では「清掃時間の設定」を話題にしてはどうでしょうか。寸暇を惜しんで、子どもが書いた授業の振り返りを読んだり、宿題点検をしたりしなければいけない忙しさの中、清掃指導に一定の時間が割かれます。

清掃は毎日するものと思い込んではいないでしょうか。

教室や便所は毎日掃除しなくてはいけない場所という思い込みはないでしょうか。

また、すべての子どもに清掃活動を分担するために、週に一度か二度しか活用しない特別教室の清掃を毎日させていることはないでしょうか。

行事部会でも、廃止してもよさそうな行事が出てくるはずです。例えば、冬期に耐寒トレーニングをしている学校はありませんか。このような行事がまったく無意味とは言いませんが、寒さに耐えて走ることにどれほど効果があるでしょうか。運動で汗をかいたり、体が冷えたりして、かえって体調を崩す子どもがいるのではないでしょうか。**行事を行う価値を確認することが、思い込み業務の洗い出しにつながる**はずです。

思い込み業務ではないと判断したら理由を文章化する

せっかく日常業務を見直すのですから、これは外すことができない業務だと判断したら、その理由を文章化しておくとよいでしょう。それをホームページに掲載して、保護者にも伝えましょう。**学校が何を大切にして教育活動を行っているかを伝えることは、保護者からの協力を得るために大切なこと**です。単に協力を求められただけ、という保護者の感覚を払拭したいものです。

ポイント
当たり前に行ってきた業務が当たり前ではないことを基本とする。

学校で抱え込まない

その業務に教育的な意義があるかを一考する。
リップサービスはその場しのぎに過ぎない。
歩調をそろえると外部に対して発信しやすい。

意義が見いだせない活動に対応しすぎる学校

学校を忙しくしている要因の一つに、学校が本来の業務でない事柄を引き受け過ぎているということがあります。「そのことは十分認識しているのですが、これまでのつながりがあって、引き受けざるを得ないのです」という方もおられることでしょう。

しかし、だれかが断ち切る役を担わなければいけません。その役を担うのは、校長や副校長・教頭以外のだれでもないのです。

例えば、作品募集があります。本来は、募集する団体が作品の応募から回収、審査、発表まですべきものですが、学校が便利に使われていませんか。

「教育委員会や管理職はいい顔をして引き受けるだけ。大変なのは担当者だからね」という声は職場にありませんか。

募集する団体も、実は意義を深く考えておらず、これまでと同様に予算執行をするために作品募集は欠かせない、といった認識の場合が少なくありません。例えば、このデジタル時代に、ポスター募集をする意義があるでしょうか。子どもが作品をかくことで、どれほど活動の周知につながるのでしょうか。先方の担当者と話し合い、意義を確認のうえで、**納得できない場合は断る勇気も必要**です。

ついリップサービスをしてしまい苦しむ教師

大学の話です。教育学部の学生対象に「保護者対応の在り方」を講義しています。その中で、次の質問をしています。

「あなたは学級担任です。個人懇談の折に、保護者から『うちの子どもは算数が不得意です。どうしたらよいでしょう』と質問がありました。どう返答しますか」

これに対して、多くの学生はこう答えます。

「○さん、がんばっているのですけどね。わかりました。放課後などに算数を教えてみます」

この返答を聞いて、「そのようなことを軽々しく言ってはいけない」と話しています。

学生だからしかたがないとは言え、このようなことを言ってしまったら、どうなるかが想像できないのです。一度や二度ならまだしも、定期的に放課後に指導ができる時間はありません。また指導する以上、成果を出さなくてはいけません。個別指導のことを聞きつけた他の保護者からも依頼があるかもしれません。学生に限らず、こうしたことが想像できない若手教師が少なくないのです。

リップサービスはその場しのぎに過ぎないということを、若手教師に強く伝えてください。

歩調をそろえて学校全体で課題に向かう

働き方改革を推進するためには、歩調をそろえることがポイントです。**学級、学年、さらにはどの学校も同じ考え方、同じ対応をすることで、改革が前進します。**「他も同じように行っている」という安心感が生まれます。また外部への説得力も増します。

例えば、宿題の出し方が他学級と異なると、保護者から質問があったり、苦情があったりします。本来は、学級の状況が違うので異なっていて当然なのですが、「宿題については、学年で、あるいは学校で共通した考えで行っています」と伝えられる体制が整っていれば、若手教師も安心することができます。

ポイント
引き受けた後のことをしっかり想像して判断する。

恐れず取り組む

これまでと異なることに取り組むのはだれもが不安。
「どうせ無理だろう」と思ったら物事は前に進まない。
疑問を感じたら一度止めてみる。

「どうせ無理」と思わない

２０１８年12月６日に開催された「学校における働き方改革特別部会」から、「新しい時代の教育に向けた持続可能な学校指導・運営体制の構築のための学校における働き方改革に関する総合的な方策について（素案）」が示されました。

その中に、地方公務員も変形労働時間制を認める法的措置をすべきである、と次の理由を基に述べられています。

「児童生徒の教育活動をつかさどる教師の勤務態様としては、児童生徒が学校に登校して授業をはじめとする教育活動を行う期間と、児童生徒が登校しない長期休業期間とでは、その繁閑の差が実際に存在している。このことから、地方公務員のうち教師については、地方公共団体の条例やそれに基づく規則等に基づき、一年単位の変形労働時間制を適用することができるよう法制度上措置すべきである」

実際に法的措置がされるかどうかはわかりませんが、これを読み、「そうは言っても、これはあくまでも机上の案で、実際にやれることなのだろうか」と思いました。

しかし、特別部会が時間をかけて論議した結果の案なのですから、前向きに捉えるしかないと考え直しました。

学校というところは、行政からの提案や指導をとかくマイナスに捉える傾向にあります。これまで話題にもならなかった、教員の大変な勤務状況が話題となったことを一歩前進と捉え、「どうせ無理」と思わず、なんらかの動きをしてみることです。

「意味があるのかな」と感じたら止めてみる

働き方を改革する方法は様々で、学校の規模や環境によっても大きく違うでしょう。いずれにしても、まずは個人で何かしら動いてみることです。

そのとき迷うこともあるでしょう。経験から言うと、**迷ってもふと浮かんだことは実践してみること**です。やってみると見えてくることがあり、必ず得るものがあります。

例えば、授業準備で、ノートに書かせれば済む内容をワークシートにしているケースをよく目にします。作成することに意味があるのかなと少しでも感じたら、一度止めてみてはどうでしょうか。必要度を再確認するために止めてみるのです。また、発問をわざわざ短冊に書いて黒板に貼る必要はあるでしょうか。授業展開にどれほど有効でしょうか。「これにどれほどの意味があるのかな」と疑問に思ったら、まずは止めることです。

ポイント
やってみなければわからない。やらずしてわかるわけがない。

Chapter 2

校長の働き方の心得

校長にしかわからない校長職のしんどさ

船井幸雄氏の言葉
「この世でおこるすべての問題は『必然、必要、ベスト』にできる」※
苦しいときの心持ちが大切。

※ウェブサイト「船井幸雄.com」より引用

この世でおこるすべての問題は「必然、必要、ベスト」にできる

私は現在、大学教育学部で教員志望の学生を教えています。校長を定年で終えて、大学で第二の人生をスタートしたのだと思われるでしょうが、それが違うのです。定年退職まで2年半というときに、「来年度から大学に来てもらえないか」と声がかか

ったのです。青天の霹靂でした。定年まできっちり勤め上げることしか考えていなかったので、話をお聞きするだけで精一杯でした。

しかし、幾度か声をかけていただいているうちに、決断すべきだと心が動いたのです。本項冒頭で示した経営コンサルタント・船井幸雄氏の言葉を思い出したからです。もともと自分は、どこかで大学人という人生を送るように決められていたのだと思うことにしたのです。思いもしない人生の展開となりましたが、「校長の次の道は、そのように決められていたのだ、ならば素直に従おう」と決意しました。

「必然、必要、ベスト」は苦しいときに心落ち着かせる言葉

「この世でおこるすべての問題は『必然、必要、ベスト』にできる」という言葉は、ぜひ記憶しておくとよいでしょう。

校長をしていると、なぜ私の身にこんなことが起こるのだと腹が立つことがあるはずです。自分のミスではないのに、管理不行届きという指摘を受け、時には処罰を受けることもあります。

そんなときには、「起こったことは自分にとって必然、必要のことだ。それならばベストを尽くそう」と前向きに考えることです。

校長時代、私にもここでは決して書けない苦しいことが何度もありました。そのときに、この言葉を思い出し、「腐らず、できることをやってみよう。そうすれば好転するはずだ」と信じて動きました。

すると、どこかで解決策が見つかったり、助けてくださる方が現れたりしました。苦しさはいつかなくなり、同様のことが起こったときのために重要な勉強ができたと思えることも多くありました。**心のもち様、そして、まずは動いてみることが大切だということを痛感しました。**

校長職のしんどさ

校長職を終えてつくづく思うことがあります。それは、校長職のしんどさです。校長しかわからない大変さです。**365日、校長でいる責任の重さ**です。

土・日は休みだからのんびりしようと考えていても、何かあったら自分が動かなくてはいけないと、心のどこかで身構えていました。校長であればだれしも同じ気持ちだろうと思います。

校長職を終えて、妻から「土・日曜日の顔つきがまったく違ってきたね」と言われました。自分では常に校長職を意識していたつもりはなかったのですが、この言葉で、休日にも家族に何かしらの緊張感を与えていたのかなと振り返りました。

校長対象の講演では、「この場だけでものんびりしてください」と、うたた寝を推奨したくなるのも、校長時代のしんどさが蘇ってくるからです。

ポイント
我が身に起こっていることは「必然、必要、ベスト」の出来事であると思うと、苦しさは軽減する。
「このようなこともあるさ」と思い、自分で自分を責めるようなことはしない。

「万事機嫌よく」を心がける

内田樹氏の言葉「機嫌良く仕事をしているひとのそばにいると、自分も機嫌良く何かをしたくなる」※は、組織を円滑にするうえで重要。

笑いがない職員室をつくってはいけない。

※ウェブサイト「内田樹の研究室」より引用

職場に明るい空気をつくるのは管理職の役割

哲学研究者や武道家など、様々な顔をもつ内田樹氏が次のように言っています。

「機嫌良く仕事をしているひとのそばにいると、自分も機嫌良く何かをしたくなる」

この言葉は組織を円滑に動かすための名言だと思います。**職場の空気はとても大切で、**

職場に明るい空気をつくり出すのは、トップの役割です。重苦しい状況では、よい知恵が出るどころか、仕事の意欲さえ高まりません。

新年度となると、校長は何かと神経を遣い、しばらくは落ち着かない日々が続きます。経験を積んだ校長でも不安を覚えていることでしょう。

しかし、このような気持ちは心の中にしまって、リーダーとして、見た目はニコニコと機嫌よく、シャキッと振る舞いたいものです。「人は見た目が九割」とも言われます。もし不安があったとしても、表情だけでも繕うことが大切です。

空気が読めない校長になってはいけない

息子の小学校入学式で忘れられないシーンがあります。それは、体育館に入ってきた校長の姿です。なんと視線を下の方に落とし、猫背でトボトボと入場してきたのです。入学式という晴れの舞台には、決して相応しくない姿です。「なんて場の空気が読めない、そしてつくり出せない校長なのだ」とがっかりしました。堂々と胸を張り、笑みを浮かべて入場する校長の姿は、子どもにも保護者にも明るい未来を感じさせます。**まずは場の空気**

に合わせて演技することです。

爆笑王と言われた落語家の故・桂枝雀は、色紙にいつも「万事機嫌よく」と書いていました。しかし、四六時中一緒にいた弟子たちは、「根っから暗い人でした」と言います。笑いを生み出す芸人であり続けるために、枝雀は、この言葉を座右の銘にしていたのでしょう。

その枝雀が、30枚ほどの色紙に「万事機嫌よく」と書いているうちに、「なぜこんなにたくさんあるんだ！」と腹を立てたそうです。弟子が「師匠、書いてはることとお顔が違います」と突っ込んだそうです。**心しておかないと、いつも機嫌よくいることは難しい**という好例です。

笑いがない職員室をつくっている校長は逮捕する

「笑いがない授業をした教師は逮捕する」と言われたのは、故・有田和正先生です。これをもじれば、「笑いがない職員室をつくっている校長は逮捕する」と言ってもよいでしょう。笑いが生まれる職員室は、心が開放できる空間になっています。笑いは、気軽になんでも相談ができ、学び合い、高め合える職員集団となるための大切な要素です。「学校力の高さはコミュニケーション量に比例する」と言う人がいます。**ちょっとしたユーモアは、コミュニケーションを円滑にする特効薬**となります。

私は長年、笑いの効用を体感してきましたから、職員室では、努めて笑いが生まれるネタを振っていました。鉄板ネタを紹介します。（　）は、笑いを生むための技術です。

「ALTのジョージが日本語検定の勉強をしていますよね。先日は短文をつくっていたのですが、それを見て笑ってしまいました。『あたかも』（強調するためにゆっくりと話す）という言葉を入れて文章をつくるという問題なのですけど、ジョージは、『冷蔵庫にビールがあたかも（外国人風に表現する）しれない』と書いていたのです」

ポイント
職員室に明るい空気をつくり出そうとする校長の努力は教職員に伝わる。

教職員データベースをつくる

異動してきた教職員とは意図的に会話をして学校改善情報を得る。エクセルで教職員データベースを作成して教職員を把握する。年齢別男女構成図は先を見た人事をするために重要。

異動してきた教職員とは早めに会話を

新年度に異動してきた教職員とのコミュニケーションを意識して図っているでしょうか。学級担任時を思い出すとよいでしょう。できる限り早く一人ひとりの子どもとつながろうと努力したと思います。**校長はいわば教職員の担任ですから、新・転任者とは意識して会**

話し、心の距離を縮めましょう。「前任校と比べてどうですか」という質問は、会話が弾みます。数週間経つとだれしも現状に対して思うことがあり、様々な思いを話してくれます。その話の中には、今後の学校経営のヒントが秘められている場合があります。

教職員データベースをつくる

さて、数年先の学校経営を考えるうえで、ぜひとも作成しておきたいものがあります。教職員データベースです。新たに加わった教職員を深く知るためにもおすすめします。私はエクセルを活用して、次の項目情報を入力しました。

①氏名・ふりがな・性別

氏名をフルネームで言えるでしょうか。姓はまだしも、名を間違えて覚えていたという校長を何人か知っています。とても失礼で恥ずかしいことです。

②年齢・採用年・教員歴

他業種からの転職で、年齢と教員歴に差のある職員がいるので注意が必要です。

③赴任年月日・自校勤務年数

人事異動を考えるうえでの重要データです。愛知県の場合、原則、新任から6年経つと異動対象となります。また同一校10年勤務も同様です。おそらく他地域も大きな違いはないと思います。いずれにしても勤務年数は異動を左右する要素の一つになります。ベテラン教師の場合、定年退職までの年数に鑑みて、異動のタイミングを本人と相談しておくことも校長の大切な役割です。

④免許

小免・中免（教科名）・司書、免許更新年度も加えておくとよいでしょう。

⑤歴任校

初任からの勤務校を在籍年数とともに記録しておきます。愛知県の場合、小中学校間の異動は珍しいことではありません。小中の在籍年数比が、その教職員の教育観を形成していると感じることがあります。

男女別年齢構成図から見えてくること

作成した教職員データベースを基に、男女別年齢構成図をつくりましょう。簡易的なもので大丈夫です。

エクセルの一つの縦列を年齢表示列として、定年の60歳から一つずつ数値を減らしながら20歳まで記入します。その列の左側は男性、右側は女性の人数を表すとします。仮に43歳の男性が一人いれば、「43」と表示されているセルのすぐ左のセルの色を変えます。こうして、短時間で年齢構成図をつくることができます。

これを眺めると、自校の全体像が大づかみできます。例えば、今後3年間で男性が4人定年退職する場合、年齢比や男女比のバランスが崩れることが見て取れます。これに備えて、中堅の男性教諭の本校異動を市教委に具申していく必要があることに気づきます。つまり、**数年先までの人事異動の方針を立てることができる**のです。

ポイント
教職員一人ひとりの人事情報を入力しながら人事構想を温める。

校務分掌の適切な人数を見極める

**校務分掌案を見るときの留意点は一つ。
その校務分掌が「一役一人制」で可能かどうか。
校務分掌を置く明確な理由があるかを問うてみる。**

校務分掌案を見るときの留意点

校長は、学校組織づくりについてどれぐらい深くかかわりをもてばよいのでしょうか。主任や学年配置は校長が決めると思いますが、細かな校務分掌案をつくるのは、校長ではなく、副校長（教頭）や他の立場の者というのが一般的だと思います。

ここでは、上がってきた校務分掌案を眺めるときの留意点を示します。
留意点は、**「この分掌にこれだけの人数が必要かどうか」を考えること**です。この一点に尽きるといっても過言ではありません。

「一役一人制」を考えてみる

多くの学校では、一つの分掌に各学年から一人ずつ担当者を割り当てる方式がとられているのではないでしょうか。例えば、中学校であると、どの分掌にも1年、2年、3年の教員が、それぞれ一人以上位置づけられていることがほとんどです。

教職員は分掌案の何に注目するかというと、先頭にだれの名前が書かれているかということです。先頭に自分の名前があれば大きな責任を感じますが、二番目以降であれば、瞬時に分掌名を忘れてしまう不届きな教職員もいます（自分がかつてそのような状況でした）。自分への期待ではなく、形式的に当てはめられたものだと思うからです。

分掌の内容を吟味する必要は当然ありますが、基本的には一分掌の担当人数は一人でよいと考えています。「一役一人制」です。「一人一役制」ではないので注意してください。

教育行政に身を置いたことがありますが、行政はまさに「一役一人制」の組織でした。その仕事はだれの仕事であるのかが明確で、責任の所在がはっきりしていました。したがって、担当者が取り組まなければその仕事は滞ったままになります。しかし、**「一役一人制」であれば、会議を開く必要がありません。**一人で考え、一人で仕事をしていけばよいからです。

その校務分掌を置く明確な理由はあるか

「一役一人制」の視点から、提案された校務分掌案を見ながら、各分掌に配置された人員の必要性を考えてみましょう。

この視点をもつだけで、赴任したばかりで、その学校の実情がわからない状態であったとしても、組織案が違って見えてきます。一か所でよいので、案作成者に「この分掌には三人も必要なのか」と聞いてみることです。これまで通り、人の入れ替えをしただけであれば、きっと担当者はハッとするでしょう。**複数配置をしなければならない明確な理由がないのなら、担当を一人にして責任を明確にさせるべき**です。

ちなみに、赴任した年度早々に、校務分掌の人数だけでなく、「本校になぜ必要なのか」も聞いてみました。組織のスリム化を意識した質問です。

ある分掌は、明確な設置理由がないことが確認できたので、廃止するよう指示しました。その後、その分掌をなくして困ったことは一切発生しませんでした。分掌の人数を考えているうちに「一人でよい」、いや「一人もいらない」ということに落ち着いた例です。

あなたの学校にも、数合わせのための校務分掌はないでしょうか。点検をおすすめします。

ポイント

前年通りの校務分掌と人数配置を一度疑ってみる。

重点努力目標を絞り込む

重点努力目標は毎年見直すものという感覚が必要。
目標決めは校長の責任、その方法は様々。
過去の目標を比較したり、教職員にヒアリングしたりして目標を練る。

重点努力目標が長年変わっていない現実を前にして

ここでは、教育目標について深く考えてみます。
まず、教育目標を上位の目標、重点努力目標を下位の目標と定義します。
私自身は、上位の教育目標はまだしも、重点努力目標といった下位の目標は、毎年度変更があって当然だと思っています。

校長職に就くまで、教育目標は変えるべきでなく、綿々と引き継がれるものと考えていました。私のこの考えは、毎年4月、校長が職員会議で発する言葉で形成されました。「教育目標は不易のもので…」「赴任したばかりの私は、何か言えるほどのものをもち合わせていないので…」といった言葉が刷り込まれ、変えてはならないと思い込んでいました。

しかし、あるとき、数年間まったく変わっていない目標を第三者が見たら、どう捉えるだろうか、とふと考えたのです。

子どもの実態をしっかり捉えているのだろうか。目標はただのお題目ではないだろうか。こう思われかねません。**第三者視点で見詰め直すことで、「目標は変化すべき」という考えに大転換した**のです。新年度に示す目標のうち一項目でよいので、校長自らの考えを明確に反映させたものを入れるべきです。

過去の重点努力目標を比較する

私が行った、重点努力目標を決めるまでの取組を紹介します。

まず、過去10年間ほどの目標を見直してみました。過去三代の校長が示した目標を並べて、その思いを読み取ることから始めたのです。過去三代校長の目標は、若干の文言の修正がされただけで、そのまま継続されていました。もちろん、疑問を感じる内容はなく、すべて立派な目標でした。

しかし「本年度重点努力目標」というタイトルにふさわしい内容であるか、わざわざ「本年度」という文言が使われている意味はあるのか、という疑問は消し去ることができませんでした。「重点」と掲げながら、例年八項目も示してあります。その実現性を考えると、自分の力量では項目が多すぎると考えました。

教職員にヒアリングする

そこで、教職員に本校の抱える課題についてヒアリングを行いました。また昨年度の学校評価に目を通しました。この作業を経て、重点努力目標を八つから次の二つに絞りました。

①情報発信と学校評価の充実を図り、地域から理解と協力が得られるよう努力する。

（赴任後数日間で情報発信も学校評価も不十分であることを痛感したからです）

②良好な人間関係を築き、素直に学び合える学校・学級環境づくりを促進する。

（学び合う集団づくりは良好な人間関係づくりを基底とすべきで、そのための研修を充実させたいと考えたからです）

悲しいことに、八つあった重点努力目標を二つに絞ったことに対して、教職員からはなんら反応はありませんでした。４月早々の職員会議で、教職員は、概念的なことより、今年度どのような校務分掌を担当することになるのかなど、直接身に降りかかることに関心がいっているのは間違いありません。ですから、**４月半ばぐらいに、いくつかの具体策を提示しながら、改めて重点努力目標を提案した方がよいのかもしれません。**

ポイント
学校改善は目標を絞り込み重点的に行う。

教職員の在り方を短く印象的に伝える

「教職員の在り方」指導は重要。
記憶に残る言葉で短く印象的に伝える。
「誠意はスピード」「記録は口ほどにものをいう」など、表現を工夫する。

4月早々に伝える「教職員の在り方」三つのキーワード

例年4月早々に教職員に伝えてきた「教職員の在り方」を紹介します。できるだけ記憶に留めることができるように、大きく三つのキーワードに整理して話します。そのキーワードとは、**「伝える」「危機意識をもつ」「信用失墜行為厳禁」**です。特に、「伝える」ことの重要性を心から伝えました。

「伝える」を四つの項目で

①問題は一人で抱え込まない・担任だけで抱え込まない・学年だけで抱え込まない

抱え込んでいるあなたを見て、一人でがんばろうとする偉い人だとはだれも思いません。問題を早めに共有化しましょう。

②こまめな報告・連絡・相談を

問題を校長や教頭に、こまめに伝えてください。問題があることを聞いていれば、管理職の責任になります。大した金額ではありませんが、管理職手当は、話を聞いて責任を取るためにもらっていると思っています。

③小さなことを小さなうちに伝える

いくら責任を取るといっても、大きくなった問題は容易に解決できません。かなりのエネルギーがいります。小さな問題ならエネルギーも少なくてすみます。

④誠意はスピード

誠意は対処するスピードで表すことができます。時間が経つと誠意は伝わりにくくなります。対応が遅いことで新たな問題が発生します。

「危機意識をもつ」「信用失墜行為禁止」のキーワードで

二つ目は「危機意識をもつ」ことで、これも四項目にまとめています。

①いつもこうだからまあいいか、ささいなことだからまあいいか

「まあいいか」に危険が潜んでいます。危険の芽が見えていないだけと捉えましょう。

②自分の目で見て、耳で聞いて、肌で触れて、自分で判断する

人から聞いただけで判断してはいけません。まずは足を運んで自分の目で見ることです。自分一人で判断できないときは相談してください。

③保護者対応のポイントは初期対応に尽きる

初期対応のまずさは保護者をクレーマーに変容させることがあります。

④記録は口ほどにものをいう

生徒指導記録、保護者対応記録はあなたを守ります。一人で対応せず、複数で対応しま

しょう。他の人の耳で記録することもできます。

三つ目は「信用失墜行為厳禁」です。これも四項目にまとめています。

①失墜行為は一人だけの問題（処分）にあらず

一人の行為で学校全体が信頼を失うことを心してください。

②人権を傷つける言葉も体罰

職員室内でも、子どもの人権を傷つける言葉は発してはいけません。つい子どもの前で出てしまうものです。

③私的個人連絡禁止

子どもとのＳＮＳ等のやりとりは危険です。発信文がどう使われるかわかりません。

④交通違反禁止

飲酒運転やスピードオーバーは懲戒対象です。命とともに職を失う危険も伴います。

ポイント
教職員への指導は、記憶に残る言葉でズバリ伝える。

一人職を孤立させない

一人職を孤立させない校長のひと言を意識する。
養護教諭も事務職員も自身の仕事への理解を求めている。
すべての教職員がストレスを抱えていると考える。

一人職は孤独だが孤立してはならない

私は校長のときに「校長は一人職で孤独だが、孤立してはいけない」と肝に銘じていました。**孤立してしまうと、情報が入ってこなくなります。**裸の王様になりかねません。

養護教諭も、ほとんどの学校は一人配置であるために孤独です。しかし、養護教諭も孤立してはいけません。そのため、校長は**孤立させないように、また養護教諭が得ている貴重な情報をもらうために、意図的に保健室を訪問すること**です。

休憩中に保健室に顔を出すと、必ずと言っていいほど、何人かの子どもがいます。その子どもたち一人ひとりに、時には母親のように、時には姉のように接している養護教諭がいました。教室では見せない姿を保健室で見せる子どもたちへの対応の難しさは、言うまでもありません。

校長が保健室にいるというのに、かまわず幼稚園児のように駄々をこねる子どももいました。「次の時間も教室に行かず、保健室にいる」と、言い張る子どももいました。そうした子どもたちへの対応には、頭が下がるばかりでした。養護教諭のストレスは相当なものだと思っていました。

校長として養護教諭の気持ちを慮るひと言を発したいと思い、保健室を訪問していました。もっとも、来室理由を正直には言いづらく、「今日も体重を測りに来ました」と言いながらの訪問でした。

おにぎりを持参していた養護教諭

あるとき、おにぎりを持参してきた養護教諭がいました。いつも始業前に保健室に顔を出す子どもが、朝食を摂ることができないと知ったからだと言います。もちろん、こうしたことを自分から校長に伝えに来る方はまれです。密かに、その子どもに朝食としておにぎりを食べさせていたのです。

「その子どもの家庭環境は、複雑なのでしょうか」と訊ねてみました。やはり、貴重な情報をもっておられました。その子どもの状況をしっかり確認したうえで、担任や学年主任に伝え、特別な対応を提案したいとのことでした。校長として深謝するばかりでした。

事務職員も一人職であることを忘れない

養護教諭と同様に、ほとんどの学校では事務職員も一人ではないでしょうか。事務室が設置されていない学校では、事務職員は多くの時間を職員室で教員と一緒に過ごします。だからといって、孤立していないとは言えません。教員と会話をしていても、仕事の性格上、自分の仕事はなかなか理解してもらえないと悩んでいる職員がいます。

こうした悩みを軽減できるのは管理職です。仕事内容を踏まえて声をかけることを心がけるとよいでしょう。

「配当予算の執行状況一覧をありがとうございました。執行率が芳しくない分掌には、すでに執行を呼びかけてもらったこともうれしく思います」

こうしたひと声は、事務職員の孤立感をぬぐうでしょう。

改めて考えてみると、**養護教諭や事務職員ばかりでなく、すべての教職員はなんらかのストレスを抱えている**といってもよいでしょう。わずかでもよいので、そのストレスを軽減することが、校長の大切な役割だと何度も思いました。しかし、気持ちだけでなかなか実行できなかったことも反省しています。

ポイント
一人職を孤立させないために相手を慮るひと言を伝える。

苦手な相手にこそ、自ら飛び込む

厳しい言葉の裏にある心情を捉えようとすること。
苦手な相手こそ、こちらからアプローチする。
「校長は私のよさを知っている」と思われることが大切。

ベテラン女性教師からの厳しい言葉

新任校長として落ち着かない日々を送っていた5月半ば、ベテラン女性教師から私に発せられた言葉があります。微笑みながら言われたのは、実に厳しい言葉でした。

「校長は大変ですよね。学校は会社規模でいえば中小企業。今や中小企業の社長で、社長室にデーンと座っている方はいないでしょう。社長自ら動かなくては、会社は回りませんからね」

もちろん、それまで校長室にこもってばかりいたわけではありません。私がまったく動いていないいないような言葉に腹が立ちました。同時に、この教師は、どうしてこのようなことを私に伝えたのだろうかと改めて考えてみました。

苦手意識をもっている相手にこそ、こちらから接近する

この教師は、職員会議等で何事もズバズバ指摘することが多く、年齢差もあり、つい敬遠しがちだったのは確かです。会話らしい会話もそれまでしていませんでした。そこで、この教師は**「校長先生、あなたは私たちすべてに目を配っていますか」と、伝えたかったのではないかと考えました。**

私の人生訓の一つに「苦手意識をもっている相手にこそ、自ら飛び込んでいけ」があります。これを心して、その教師に授業参観を申し出ました。突然のことに驚かれましたが、「どうぞ」という返答を得ました。

授業を見て驚きました。毎時間、授業のはじめに「国語授業通信」が配付されていました。その通信には、子どもの発言を基に、前時の授業の流れが再現してありました。子どもの授業感想もありました。子どもの心を豊かにする格言やおすすめ書籍紹介もありました。国語授業は週4時間、4クラスを担当しておられるので、なんと毎週16枚もの「国語授業通信」を発行されていることがわかりました。まさに、あの有名な国語教師「大村はま」を彷彿させる実践をされていたのです。

地道に努力している教職員を知らずして校長は務まらない

この教師は図書室担当で、授業後は職員室に戻らず、図書室で執務をしていることがほとんどでした。そのため職員室不在が多く、会話をする機会がなかなかありませんでした。授業後、図書室に足を運びました。国語教師らしく、毛筆で読書案内を表示するなど、手づくりの温かみある読書環境がしっかりと整えられていました。掲示物からも、図書委員の豊かな活動の様子が見てとれました。ちょうど読み聞かせ会の準備中でした。中学校の図書室は利用率が低いと言われますが、本校の利用率が高い理由がよくわかりました。

考えてみると、**「私はこのような取組をしています」とわざわざ校長に報告に来る教師はいません。**当たり前ですが、校長はすべての教職員にしっかりと目を配るべきだと、この教師から改めて教えてもらいました。地道に充実した教育活動を重ねている教師がいることを知らずして、校長とは言えないな、と反省しました。

その後、その教師と意思の疎通ができたことは言うまでもありません。国語教科通信は校長の机上にも届くようになりました。また、機会を捉えてこの教師の地道で確実な取組を他の教員に伝えました。

ポイント
すべての教職員へ目を配り、その教育活動を捉えて評価する。

子どもの背景を捉える

年度早期に「家庭環境調査票」から情報を得る。校長机には学級名簿を常に置き、メモする。「家庭環境調査票」から子どもの背景が見えてくる。

「家庭環境調査票」の読み取りのすすめ

校長時代、入学式・始業式・ＰＴＡ総会など４月の大きな行事や、年間計画や校務分掌などについて協議する職員会議が終わると、ほっとしていたことを思い出します。

その時期にいつも行っていた仕事があります。**全校の子どもを捉えること**です。

そのために活用していたのが、いわゆる「家庭環境調査票」です。「家庭環境調査票」は、保護者から提出された勤め先や家族構成、緊急時の連絡先、自宅周辺地図が書かれた情報文書（シート）です。各校によって名称は異なるでしょうが、同様の書類はどの学校にもあると思います。早い段階で、これに目を通しておくことをおすすめします。

最近は、保護者に詳細な情報提供を求めることは少なくなりましたが、それでも**記載された内容を丹念に見ていると、子どもの背景が見えてきます。**

伝えられた情報や気づいたことを学級名簿にメモしておく

漫然と見ているだけでは時間のむだです。調査票で気づいたことを各学級の名簿に記録していきます。

私は、学級名簿をいつも机上に置いていました。校長には教頭・学年主任・生徒指導主事などから、様々な情報提供があります。子どもに関する情報も多く入ります。私は子どもに関する事柄で重要であると感じたことは、その都度、学級名簿に書き加えていました。

「家庭環境調査票」から読み取ること

「家庭環境調査表」を見るときの観点を示しておきます。

①保護者名

子どもの苗字と必ずしも一致しているわけではありません。続柄にも注意しておくことが大切です。

②保護者勤務先

勤務先名のみで業種を察することが難しくなりつつありますが、ある程度は推測できるはずです。子どもの背景の一つとして、保護者の勤め先を見ておくと役立ちます。かつて日曜日に体育大会を開催しようとしたことに対して、保護者から「この地域は店舗を開いている保護者が多い。日曜日は休めないことをご存じなのか」と指摘を受けたことがありました。環境調査票から十分予想することができたはずなのに、と反省しました。

③家族

兄弟姉妹の在学状況をメモします。小学校長であれば、通常の下校時刻に子どもが帰宅したとき、家族のだれかが在宅しているかどうかを読み取るようにしましょう。

また、「家庭環境調査票」に掲載されている情報ではありませんが、**名簿には前年度の欠席日数を記録して、不登校傾向にある子どもをあらかじめ把握するようにしました。**

この「保護者名」「保護者勤務先」「家族」「欠席日数」の4観点の記録をスタートにして、先に示したように飛び込んでくる様々な情報を書き加えていくとよいでしょう。

ある年度には、「登校を渋っている」「5月欠席10日」「母親から学校不信の電話」「カウンセラーを紹介」「部活動中にけんか」「いじめ報告」「物損」「集金未納続く」といった事柄が書き込まれていました。どうしてもマイナス情報が多くなってしまいますが、子どもとその背景がかなり見えてきます。

ポイント
子どもの背景を知ることは校長の仕事の一つ。

あいさつのむだな言葉を削ぎ落とす

校長あいさつは自己の力量を発揮する場。
あいさつ原稿をつくるときはリサーチも大切。
あいさつ原稿は何度も読み、むだな言葉を削ぎ落とす。

校長あいさつは、校長が行う授業

校長の重要な役目の一つに、集会での講話や行事でのあいさつがあります。その折には、いつも**「講話やあいさつは、校長が行う授業である」**という先輩の言葉を思い出します。

この言葉は、「授業をしない校長が子どもを指導できる唯一の機会は講話やあいさつであり、有意義な話をしなさい」という戒めだと捉えています。

授業大好き人間の私としては、講話やあいさつも大好きになりたいのですが、なかなかそのような気持ちになれません。一番苦しくて投げ出したくなるのは、骨子が決まらないときです。記憶にある一つが、体育大会開会式での校長あいさつでした。今年度の体育大会にふさわしいあいさつ、オリジナリティがあるあいさつをしたいと思うところに苦しさが生まれます。来賓や保護者が校長あいさつを耳にする数少ない機会です。あいさつで校長への評価がされると思うと、つい力が入ってしまいます。

あいさつ原稿をつくる苦しさの乗り越え方

そのときに私が苦しさをどのようにして乗り越えたのかを紹介します。まず、昨年度のあいさつを読み返しました。お客様を招いているときのあいさつには、来校へのお礼など、忘れてはならない、いわば定型文があります。過去の原稿を見ると、こうしたことを外した失敗はありません（特に赴任初年度は前校長のあいさつを参考にします）。

次に、今年度の体育大会のテーマ「心和」をあいさつの中に織り込むことにしました。

しかし、生徒会から出された文書を見ても、いま一つ、この「心和」という造語が意味するところがつかめません。そこで、「『心和』って、どういう意味なの」と何人かの子どもに直接インタビューしてみました。

また、特別活動主任に「心和」を決定するに当たってての子どもの思いや指導の過程を聞きました。その中で「和」という言葉の解釈や表現の違いに魅力を感じたのです。「和」を辞書で調べてみると、とても豊かな言葉であることがわかりました。骨子は決まりました。「心和」の解釈を基に、生徒に望む姿を語ることにしました。

原稿を書いた後は、何度も音読します。**字面を追っていても言い間違える箇所は修正すべきところ**です。あいさつは短いほど喜ばれますので、時間も計り、むだな言葉を削ぎ落とします。「あいさつは授業と同じ」と考えれば、これくらいの努力は必要です。

ポイント
あいさつは校長にとっては授業をするのと同じと考え、努力をする。

Chapter 3

副校長・教頭の働き方の心得

職員室の中に仕事の楽しみをつくり出す

与えられた職を楽しもうという気持ちをもつ。
小さな目標を定めて動けば楽しくなる。
楽しんでしかけると、しかけの結果も楽しみになる。

副校長・教頭職を楽しもうという心持ちで

私は教頭職を一つの学校で6年間勤めました。もちろん、教頭職になったときに、同一校6年勤務と言われたわけではありません。結果として、そのようになりました。特に管理職は自分の意志で異動ができるわけではなく、行政の指示に従って与えられた場所で勤務することになります。

そうなると、心持ちがとても大切になります。その学校で何年勤めるかがわからないので、私はこの一年を楽しみながら充実させようという気持ちで勤めました。教頭職の楽しみ方のいくつかを紹介しましょう。

定番の仕事をより効率的に

新任の教頭は、前教頭から引き継ぎをすると、なんと仕事量が多いのだろうと感じると思います。これまで教頭の仕事ぶりを近くで見てきたはずですが、このような仕事もあったのかと驚くことも多かったのではないでしょうか。

そこで考えるべきは、**まとめてできる仕事は一気にやってしまう**ということです。効率化をしようということです。私はプラス思考するタイプなので、こう考えると仕事が楽しみになってきました。

例えば、教頭としてＰＴＡ役員や区長に年間に発送する文書数は見込みが立ちます。そこで、郵送先を印字した封筒を一年分一気に作成し、セットにしておきました。文書が完成すると、その中のワンセットに文書を入れるだけで完了です。その都度、発送用の封筒を作成していた手間がかからなくなり、時間の短縮ができました。

講師任用のための文書作成も効率化しました。何度も文書作成マニュアルで確認する手間を省くには、どうしたらよいか考えました。その結果、過去の発送文書をコピーしておき、そこに赤字で注意事項を書き込み、自分専用の文書作成マニュアルをつくったのです。それまで指導を受けた事項を追記しておいたので、作成ミスがほとんどなくなり、再提出することもなくなりました。

わずかなことですが、こうした仕事の効率化を楽しみの一つにするとよいでしょう。

教職員との会話を楽しむ

職員室にいることが多い副校長・教頭職ですから、職員室にいることを楽しむことです。私も、**いろいろなしかけをして、職員室内での会話を楽しんできました。**

例えば、若い教師に「職員室活性係」を陰で依頼したことがあります。

「あなたのまわりに、ぜひ真似したいと思うプリントをつくっている先生がいるでしょ。

その先生に、いつもより大きな声で『先生、そのプリントいいですねぇ』と声をかける係だよ。きっと他の先生が、あなたの声でその先生のもとに集まってくるはずだよ」と作戦を授けるのです。思惑通りに集まって話をする様子を見ながら、「作戦成功！」と心の中でガッツポーズをしました。

また、教職員が自由にホームページの記事を作成できるルールにしたので、毎日のように、記事承認申請が届きました。その記事を読むだけでも楽しいのですが、「学級目標が決まるまでの話し合いがいいね」「いよいよ上位大会進出だね」など、内容を話題にすると会話が弾みます。

些細な楽しみ方ばかりですが、**意図的に動くと、動きへの反応が楽しみになり、次はこんなことをやってみようと新たなアイデアが浮かびます。**

ポイント
ちょっとした楽しみを自分でつくり出して、教職員に働きかける。

校長の思いを広げつつ、議論も厭わない

校長の思いを知り、それを広げる役割がある。
校長が安心して学校運営ができるための情報提供役。
校長とミニ議論を重ねて学校運営を強固なものにする。

副校長・教頭は校長のアンプ（増幅器）役

校内で校長と一番会話をするのは、副校長・教頭です。校長室で、校長の思いを直接聞くことも多いでしょう。

私は教頭職のときに二人の校長の下で働きました。

一人目の校長は細かな指示をされることはほとんどありませんでした。在り方を示されるのみで、あとはあなたに任せると言っていただきました。自分に全幅の信頼を置いていただいていると感じ、この校長の思いを教職員に伝えるのが私の役割と強く認識していました。

私が教頭になった年齢は41歳で、県内でもこれまでにない若い年齢の教頭でした。若い年齢に萎縮することなく思い切って教頭職ができるように、校長は機会あるごとに内部にも外部にも、私の価値づけをしてくださいました。

「若い教頭さんですが、力があるからこそ、この立場になっているのです。私以上に教育についても造詣が深く、判断も的確ですから、まずは教頭さんに相談してください」と、全教職員に向かって言われたときには、身震いしました。ありがたいことです。

この校長の口癖が「子どもは失敗するものだよ。それが子どもだ」だったのですが、ある教員が子どもを叱責し過ぎたときがあったので、この校長の思いを該当教員へ直接伝えました。校長に代わり修学旅行の引率代表となったときも同様でした。「修学旅行前にしっかり指導して、旅行中は子どもが失敗してもそれが子どもなのだと、包み込むような指導をしましょう」と、**私なりに校長の思いの増幅器という役割を果たしました。**

校長の心の安定のために

二人目の校長は教育委員会におられたことがあり、行政の立場もよくわかっていたため、我が校のことで教育委員会に迷惑をかけたくないという思いを強くもっておられました。また、教育委員会に我が校の教職員のよさをしっかり伝え、キャリアアップを支援したいという方でした。これを踏まえて、私は教頭として感じる学校の課題、早期に改善したいと考えていること、教職員のがんばりなどを頻繁に伝え、校長と会話を重ねました。

この細やかな情報提供は大変喜んでいただけました。徐々に「あなたに任せます」と言っていただくことも多くなり、自身の判断で物事を進めてもよいと思える場面が増えました。この方は、広域な校長会の会長もされましたので、年々学校を不在とすることが増えてきました。**外部で安心して重責を務めていただけるようにするのが教頭の役割**だと考えていたので、その責任は果たせたと考えています。

管理職は二人しかいないことを自覚する

学校の管理職は、基本的に校長と副校長・教頭の二人だけです。どれほど規模が大きな学校であっても、一般的に管理職は二人です。

このことから、私は自分自身の考えをもち、校長の考えにただ従うだけということはしませんでした。教頭は二人しかいない管理職の一人なのです。その教頭が校長の意のままであれば、管理職は校長一人でよいのです。

校長の考えを聞き、それについて自分の考えをもち、疑問や質問があれば、率直に校長にぶつけました。校長からしてみると、時には腹が立つこともあったと思いますが、**議論をすることで、本質について考えることができた**と考えています。このときの議論が、自分が校長となったときの重要な判断材料となったことは間違いありません。

ポイント
校長の増幅器、議論の相手といった立場を自覚する。

「ほめ言葉の伝道師」の意識をもつ

教職員からつながろうと思ってもらうことが大切。
ほめ言葉の伝道師としての意識をもつ。
教頭に話すと校長まで確実に伝わると思われること。

相談しようと思ってもらえる教頭に

管理職になる前のころを思い出し、教職員とつながるために心がけていたことがあります。

それは、**「とりあえず教頭に相談してみよう」と思ってもらえるような立ち居振る舞い**

をするということです。

教員時代に何人もの教頭の下で働きましたが、相談してみようと思える教頭と、教頭には相談せず、校長に直接話そうと思う教頭がいました。

その違いがどこから生まれたのかを考えてみると、職員室に座っているときの表情の違いにあったように思います。

いつもにこにこしておられると、とりあえず伝えてみようという気持ちになり、声をかけやすいものです。逆にムッとしていると、下手に何か相談したら怒られるのではないかと思い、足が遠のきます。

別の項でも紹介しましたが、内田樹氏は「機嫌良く仕事をしているひとのそばにいると、自分も機嫌良く何かをしたくなる」と言っています。まさにこのことです。私は「黙って座っていると、怒っているように見えます」と言われたこともあるほど印象がよくないので、努めて柔和であるようにしていたつもりです。

よき管理職として、教職員側から自分にかかわってもらえるように心がけ、意識して行動することをおすすめします。

ほめ言葉の伝道師

教職員のよさを努めて見つけて、ひと言かけることを心がけました。**事実に基づくひと言は、大人でもうれしいもの**です。

副校長・教頭職のよいところは、立場上、外部の様々な人とのつながりがあることです。つながりをもてたときに、教職員のことが話題になることがあります。その際に、これはぜひ該当職員に伝えたいと思うことがあるでしょう。

その際には、その方に「今の話を聞いたら本人が喜びますよ。『○○さんが言っておられたよ』と伝えてよろしいでしょうか」と許可を得たうえで、後日、本人に伝えていました。「ほめ言葉の伝道師」役を心がけていたのです。**直接評価されるのもうれしいことですが、回り回って受けた好評価の喜びは格別**です。

副校長・教頭は、特にPTA役員とのつながりが強いので、よい話を聞く機会が多くあります。そうした情報を生かさない手はありません。

もっとも、逆の場合もあります。教職員の在り方について改善すべき話はしっかり聞き、本人に伝えなくてはならないと判断したときには、情報元がわからないように留意して伝えていました。**普段からよい情報を伝えていると、本人にとってはマイナス情報であっても耳を傾けてくれるもの**です。

校長への代弁者として

「教頭に伝えると校長は必ず返答してくれる」と教職員から思われることも大切です。教職員は、不在が多い校長となかなか話す機会がありません。教頭が代弁者をしなければならないことも多々あります。そのときに、**確実に伝え、校長の考えや感想を伝えるのも教職員とつながるうえで重要な役割**です。心遣いができる校長は、どこかの場で「教頭さんから聞いたよ。ありがとう」などと教職員へのひと言があるものです。

ポイント
自分がつながるよりも、つながりたいと思われる存在になる。

教職員にＰＴＡ活動への理解を促す

ＰＴＡ活動にかかわってよかったと思ってもらえるようにする。
全教職員が当たり前の感謝ができるようにする。
ＰＴＡ活動での来校者にはお得情報を提供する。

ＰＴＡ役員や委員をやってよかったと思ってもらう

副校長・教頭はＰＴＡ活動の校内担当になることが多く、ＰＴＡ役員とのつながりをもつ必要があります。

ＰＴＡ役員は他のＰＴＡ委員と比べて、学校に足を運ぶ回数も、水面下で動いていただくことも多く、勤めの時間を調整しての参加も少なくないと思います。
だからこそ、「PTA役員は大変だったけどやってよかった」と思っていただくことがなにより大切です。そのための方法をいくつか紹介しましょう。

当たり前の感謝をきちんとできる教職員集団づくり

PTA活動は、保護者も教職員も参加することが本来です。しかし実際は、保護者が活動することが主となっています。大改革をする必要があると思いますが、ここでは現状を肯定したうえでの方法をお伝えします。

PTA役員から**「先生方の関心があまりにもなく、学校に行くたびに寂しい思いをします」**と言われたことがあります。よく聞いてみると、関心がないというのは些細なことから感じておられました。

「先生方に廊下ですれ違っても、あいさつがない方や『どこのだれ?』といった表情をされる方が多いのです。せめて、今日はPTA広報部が相談室で活動する日だな、と知っていただきたいのです」

この言葉を聞いて深く反省しました。

朝の打ち合わせで教職員に知らせておくことは簡単なことです。それからは、必ず教職員に伝え、職員室黒板にも明記しておきました。また、委員の方が職員室を訪れることもありますから、とりわけ事務職員などには、その旨を伝えておきました。

その後、「先生方から『ありがとうございます』と声をかけていただくことが多くなりました」と言っていただけるようになりました。

学校がこうした基本的な心遣いができていなかったということです。「学校の常識は社会の常識と違う」と言われる所以かもしれません。

学校情報を伝えるよい機会と考える

私は、ＰＴＡ役員をはじめ、委員に集まっていただく機会は、学校のことを知っていただくとてもよい機会だと考えてきました。

そのため、**会議の終わりなどに少しの時間をもらい、学校の状況をはじめ、教育情報を伝えてきました。**かなり専門的なことであっても関心をもって聞いていただけました。

例えば、標準年間授業時数についてです。授業時数の一覧を印刷して配付し、数学の授業は年間140時間が標準と定められていること、授業週数は35週以上となっていることから、140÷35の計算によって週4時間の数学の時間が必要であることなどを伝えました。「なるほど！」と、とても興味深く聞いていただけました。

2年後の修学旅行の内容をすでに検討していることや、新幹線の予約は2年前にしなくてはいけないことなど、「これはPTA役員と委員だからこそお話できることです」と旬な情報を伝えてみましょう。きっと来校してよかったと思っていただけるようになります。

ポイント
PTA活動を理解した教職員集団をつくるのは副校長・教頭の役目。

即断即決を旨とする

多忙を嘆いていても楽にはならない。
対応方針を決めて機械的に処理することは楽々術の一つ。
判断事例を積み重ねると即断即決ができるようになる。

副校長（教頭）職を楽しむ心持ちで

本章冒頭でも触れましたが、仕事を楽しむ心持ちが大切です。「イヤだイヤだ」と思っていても、やらなければならないことは減りません。ならば、**楽しみながら取り組んだ方が得**です。ここでは、私がどのような心持ちで楽しんでいたのかを紹介します。

調査や問い合わせへの対応方針を決める

教育委員会や外部機関からの調査や問い合わせは、かなりの回数に上ると思います。それらについては、次の対応を基本としていました。

・調査用紙が手元に届いた段階で、すぐに記入を始める。わかることから記入する。
・わからないところは関係者に頭を下げて教えてもらい、即記入をする。
・「必ず記入」との指定がない記述項目は書き込まない。
・「誠意はスピードに表れる」と考え、すぐに依頼者に返送する。

この方針で回答したことで、再調査を指示されたことはありません。後回しにすると、いつも荷物を担いでいるような気持ちになり、精神的にすっきりできません。

即断即決ができるからこそ今の立場にある

教職員やＰＴＡ役員、地域の方々、外部機関等から質問や相談が多いのも、副校長・教頭の仕事の特徴です。その折は「即断即決」を心がけるべきです。実は、校長に判断してもらわないといけない案件はそれほど多くありません。長年の教員経験から判断できることも多いはずです。「少し考えさせてください」と相手を待たせ熟考しても、結論が最初に浮かんだ考えと大きく異なることはほとんどありませんでした。**即断できる経験と判断力があるからこそ、このような立場になっていると自信をもって対処しましょう。**

記録の積み重ねが重要

裁判官は過去の判例を重要視します。学校においても同様です。事例対応の記録を小まめにとっておくことを強くおすすめします。例えば、子どもが教室のガラスを割った場合に、家庭から修理費用を徴収したかどうか、徴収した場合はその金額は…など、**具体的な記録は、次に同じ事案が起こった際に役立ちます。**

ポイント
対応方針を決め、それに従って悩まず即断即決する。

Chapter 4

ミドルリーダーとのかかわり方・育て方

ミドルリーダーへの思いを明確に伝える

ミドルリーダー研修会に参加する理由を意識させる。
ミドルリーダーとして期待していることを知らせる。
管理職が考えるミドルリーダーの具体像を明確に伝える。

ミドルリーダー研修会に参加する理由

以前にミドルリーダー研修会の講師を務めたことがあります。冒頭で、「校長から、ミドルリーダーとしてがんばってほしいと言われたことがある方は、手をあげてください」

と聞いたところ、80人近い中で、わずか2人でした。正直なところ、びっくりしました。

「ミドルリーダー」と掲げられている研修会なのに、この数なのです。

ひょっとしたら、校長は教職員を研修会に派遣した理由を伝えていないのではないかと思い、予定になかったことを聞いてしまいました。

「理由もわからず、ミドルリーダー研修会に参加するよう指示を受け、この場に来ましたという方は、手をあげてください」

今度は多数あがりました。こうなると、さらに突っ込みたくなります。参加者の中で最も若く見えた方に、

「先生は正直なところ『なぜ私はここにいるのだろう』と思っておられるでしょう」

と水を向けると、

「はい、そのとおりです」

という返答でした。

こうなったら怖いものなしです。指導主事らが聞き耳を立てている会場で、

「手が2人しかあがらないのは、すべて校長が悪いのです。みなさん、お気の毒です」

と言いました。

主催者の教育委員会がこの研修会を開催するねらいを各校の管理職に伝えていないのではないかとも推測しました。

多くの講演依頼を受ける中で、「ミドルリーダー研修があちこちでやられていますので、我が市も開催してみようと思いまして…」という程度の、なんとも力の入らない依頼もあるのです。

ミドルリーダーへの期待を明確に伝える

講演を始める前に、参加者の気持ちを高めておく必要があると感じて、次のように言葉を重ねました。

「実はみなさんは、ミドルリーダーとして大いに期待されているからこそ、この場へ出席するよう指示されたのです。私も校長ですが、面接時に『このような動きを期待していますよ』とは話しますが、『あなたはミドルリーダーですよ』とは伝えていません。きっと我が校の教職員が参加しても、なぜここに来たのかわからないと手をあげたでしょう」と、自身の反省を交えつつ、その場を繕いました。

校長自身も、ミドルリーダーとしての役割を果たしてきたと思いますが、おそらくミドルリーダーという言葉で価値づけはされてはこなかったのでしょう。ミドルリーダーという言葉は、教育界では、時代に合わせて生まれた新たな言葉だからです。

期待する教員には、ミドルリーダーという言葉を使いながら、その具体的な姿を伝え、自覚をもたせるべきです。

本人が期待されていることはわかっても、自分は管理職から具体的に何を求められているのかがわからないという状況では、せっかくの力量を発揮できません。

ポイント
本人にミドルリーダーという立場や期待していることを明確に伝える。

ミドルリーダーの発想力、実行力を引き出す

学年主任はまさにミドルリーダーであることを認識したい。
ミドルリーダーには学校を大きく変容させる力がある。
ミドルリーダーは他のミドルリーダーを刺激する。

教育活動の柱となる提案をしたミドルリーダー

ここでは、教育活動の柱となる提案を実現した、ある学年主任を紹介します。

この学年主任は、ミドルリーダーとしてすばらしい動きをしてくれました。Ａさんとしておきます。

日ごろの言動から、Ａさんは教育に関して鋭い感覚をもっていると感じていました。私は、学年主任を依頼するにあたって、「これまでの枠にとらわれることなく、自由に発想して学年運営をしてほしい」と伝えたほどです。

学校運営委員会を開催していたときです。Ａさんが発言したのです。

「この夏、消防署で救命救急講習を受けてきました。そのときに思ったのです。私たちが学んだＡＥＤの使い方は、中学生も知っているべきことだ、と」

この発言を聞いて、ひらめきました。

「そうだ。その通りだ。あの東日本大震災の折、釜石では中学生がお年寄りの命を助けたという。中学生は助けられる人ではなく、助ける人になるべきだ。Ａさん、その考えをぜひ実行してほしい」

と依頼しました。

卒業証書と救命講習修了証がもらえる学校

数日後です。

「消防署の知り合いに電話をしたら、校内で4時間の研修時間を確保できるなら、30人近い3年生全員に講習をしてもよいと返事をもらいました」

と、Aさんからの報告があったのです。

検討の結果、今年度の実施は難しいことがわかり、来年度に実現できるように段取りをしてほしいと、Aさんに再度指示しました。

次年度、Aさんは見事実現させてくれました。夏休み中の講習会開催の予定と意義を学年職員や生徒に理解納得させ、部活動時間との調整も十分したうえで、3年生全生徒に「普通救命講習修了証」を取得させたのです。

Aさんの発案に校長として大いに刺激を受けました。

「我が校は卒業証書と救命講習修了証がもらえる学校です」

というキャッチフレーズをつくりました。

「命を実感するプロジェクト」開始

また、Aさんの前向きな取組に心が動き、「命を実感するプロジェクト」を開始しました。このプロジェクトは、3年生が普通救命講習を受けることをきっかけにして、学校全体で、命について考えさせていこうというものです。

この教育活動の一環で、道徳ではゲストを招いて「命の授業」を行いました。また、図書主任は、市図書館から命に関する本を400冊取り寄せ、図書室に新たに「命の本コーナー」を設置して、生徒に読書を喚起しました。

こうした取組が生まれたのは、すべてミドルリーダーとしてのAさんの発想と実践があったからです。

そして、それぞれの立場のミドルリーダーが、自分の仕事の中で「命を実感するプロジェクト」にどんな取組ができるかを前向きに考えてくれました。校長の私が、このようなことをしてほしいという指示や依頼はまったくしていないことをつけ加えておきます。

ポイント
ミドルリーダーの発想を大切にして、よいことであれば学校全体で取り組む。

管理職の思いを察して動くミドルリーダーを育てる

自分の立ち位置を常に意識して動くミドルリーダーの存在は大きい。
校長や担当者の思いを察して自ら動くのがミドルリーダー。
自分の経験を若い教師に伝えるミドルリーダーには信頼が増す。

自分は何をすべきかを常に考えているミドルリーダー

ここでは、中堅女性教諭を紹介します。Bさんとしておきます。

Bさんは、一般企業に勤めた後、講師としていくつかの学校現場を経験した方でした。様々な組織で働いたためか、チームの一員として自分は何をすべきかをいつも考えて、若い教師に見習ってほしいと思う発言や行動がごく自然にできる方です。
まさにミドルリーダーとして学校になくてはならない存在でした。

校長の思いを察して動く

先に、校長にとって講話は授業と同じと述べましたが、その講話がどれほど子どもに伝わっているかは気になるものです。また、校長の話を受けて担任が教室でさらに話してくれると、校長の真意が子どもによく伝わると思いつつ、こちらから依頼することはなかなかできません。

ところがBさんは、校長講話があった日は、帰りの会で「校長の話」を必ず話題にしていました。

例えば、「ABCDの原則（A＝当たり前のことを　B＝バカにしないで　C＝ちゃんとやれる人こそ　D＝できる人）」を話したときには、子どもに「当たり前のこととはなんだと思いましたか」と聞き、校長の思いを考えさせた後、小さな紙に感想を書かせました。その感想文が届いたことで、Bさんの配慮を知ることができました。

実にありがたいことで、自分の講話を振り返る貴重な資料になりました。Bさんにお礼を述べると、「こちらこそ短学活の話題になって助かっています。また、よい話をお願いします」と軽くプレッシャーをもらいました。

活力ある組織には、自らできることを考え、行動できるミドルリーダーがいるものです。

Bさんは、まさにミドルリーダーの見本です。

若い教師に保護者対応シミュレーション

このようなこともありました。

ある保護者が若い担任教師のもとへ、いわゆるクレームを言いに来ることを、Bさんが知ったときのことです。

その教師を見ると、かなり緊張している様子で、これでは保護者にまともな対応はできそうにないと判断したとのことでした。

Bさんが、「応接室を貸してほしい」と、担任とともに校長室にやって来ました。

Bさんは、彼に保護者の気持ちを受け止め、担任の思いや考えをしっかり伝えるための練習を応接室でさせたいと言いました。

管理職として、こんなにうれしいことはありません。しばらくした後、応接室から出てきた担任の表情は、入室するときの表情とは打って変わっていました。その表情を見て、私も安心できました。

夕刻に保護者が来校しました。担任と学年主任が応対しました。学年主任に話を聞くと、担任の伝え方が明確で、保護者も納得したとのことでした。Bさんは、この保護者とのやりとりが終わるまで、職員室で仕事をしていました。

私がBさんの担任への支援にお礼を伝えると、

「校長先生、火が大きくなる前に消すことですよね」

と、にっこりしました。すばらしいミドルリーダーです。

ポイント
管理職の思いを察して動くミドルリーダーの働きを価値づける。

若手の変容からミドルリーダーの動きを捉える

ミドルリーダーには直接担当していない学級への影響力がある。
若手教員の変容がミドルリーダーの取組を反映する。
若手に好影響を与え、感化する力をもつミドルリーダーの存在は大きい。

注目すべきは担当以外の学級の成績

ここでは、理科の中堅女性教諭であるCさんの取組を紹介します。

Cさんが理科を担当する学年は必ず成績が上がると言われるほど、理科教育に定評がある方です。

着目したいのは、**学年でCさんが担当している学級のみならず、担当していない学級の成績も上がること**です。

1年経つと若手教員も力をつけている事実

大規模な中学校では、理科などの授業時数が多い教科は、1学年当たり二、三人で担当することになります。同じ教員が1学年すべての教科指導を行った方が授業スタイルや進行をそろえることができるので、できればそのようにしたいところですが、大規模校では叶いません。

こうした場合、ベテラン教員と若手教員の組み合わせで教科担当を配置することが一般的です。

互いに切磋琢磨して授業づくりをしてくれればよいのですが、ベテランからぼやきが聞こえてくることがあります。

「若い先生がもうちょっとがんばってくれれば、学年全体のテストの平均点が上がるのだけどねぇ。私が担当している学級の成績はいいのにね」

これは若手の力量のなさを嘆くことで、自分に力があることをほのめかす発言です。平均点にこだわることに違和感を覚えます。

Cさんからも、この種の嘆きが出ることはありますが、1年経つと、若手教員も確かな力をつけ、担当学級の理科の成績もCさんに負けず劣らずという状況になるのです。

若手を感化することができるミドルリーダー

若手にその理由を聞いてみたところ、Cさんのミドルリーダーぶりがよくわかる話を聞くことができました。

Cさんは、**日常的に授業について若手に助言していた**のです。

理科室使用の関係で、若手が授業をしているとき、Cさんは隣の準備室で教材研究や実験準備をしていることが多々あります。

理科室から聞こえてくる若手の指示や説明などを耳にすると、それを基に授業にアドバイスをしているというのです。

時には、若手の担当学級用の実験準備を、さりげなく完了させておくこともあったと聞きました。例えば、ある植物を生徒に見せるために、早朝から山に入り、全学級が観察できる量の植物を採って来てくれたこともあったというのです。なかなかできることではありません。

Cさんは的確なアドバイスやさりげないフォローを惜しまず、若い教師を育てることで、学年の理科の学力向上を成し遂げていたのです。

Cさんから私へ「こうした取組をしています」といった報告があったわけではありません。つくづく若手教諭から事情を聞いてよかったと思います。もちろん、Cさんを労いつつ感謝の言葉をかけました。

ポイント
がんばっていることを自ら伝えに来るミドルリーダーはいない。
様々な方法で動きを捉え、若手を感化する行動には即座に感謝する。

優れたミドルリーダーに見られる5つの共通点を知る

優れたミドルリーダーの共通点は5つ。
①提案力　②感化力　③芯がある　④包容力　⑤明るさ
管理職とのほどよい人間関係を基盤とする。

多様なミドルリーダーの中の共通点

実際に出会ったミドルリーダーの例を基に、ミドルリーダーとのかかわり方、育て方を述べてきました。

この項では、まとめとして、優れたミドルリーダーに共通している事柄をまとめておきたいと思います。

①提案力がある

90ページで紹介したAさんは、消防署に協力を求めて「普通救命講習」を実現させました。それ以後、講習は学校の教育課程の中にしっかり位置づきました。他のミドルリーダーも同様で、着眼点に優れた、他の賛同を得られる提案力をもっています。

②感化力がある

己の教師としての生き様を背中で語ることができます。多くを語らなくても、人を感化させる力をもっています。若い教師は、その後ろ姿を見て大いに学ぶのです。

③芯がある

近頃は、人間関係が崩れることを恐れて、ちょっとしたさざなみを立てることさえ嫌う風潮があります。そのため、自分の考えを簡単に変え、他人に迎合してしまう教師がいます。これではミドルリーダーは務まりません。ここで紹介したミドルリーダーは、自分が納得できるまでとことん協議を尽くします。芯が通っている人は、とても魅力的です。

④包容力がある

ミドルリーダーとしての大切な素質に欠かせないのは、包容力です。「あの人は最後まで面倒を見てくれる」と思われている人です。かかわった以上、見捨てないという姿勢は、人に安心感を与えます。

⑤明るさがある

明るさは伝播します。少々の問題は明るく吹き飛ばす活力がある人が頼りにされる所以です。

最後に、ミドルリーダーがこういった特徴を発揮するには、管理職との関係性がとても重要であることを付記しておきます。それぞれのよさや持ち味をつかみ、それを直接伝え、ほめてこそ、ほどよい関係ができます。ミドルリーダーが活躍できる環境づくりは管理職の仕事であることを改めて強調しておきます。

ポイント
優れたミドルリーダーの共通点を知り、その価値を言葉で伝える。

Chapter 5

子どもとのかかわり方・育て方

ちょっとしたしかけで子どもを変容させる

「これくらいのあいさつでよい」と思ったら改善できない。
成功するかどうかはやってみなければわからない。
「あいさつカード」でも子どもは変わる。

たかがあいさつ、されどあいさつ

「あいさつカード」を考案して、学校を変革した実践を紹介します。

校長職となり、新たな学校で校門に立ってあいさつをしている中で、子どものあいさつに元気がないことが気になりました。生徒指導主事にどう思うか聞くと、この学校の子どものあいさつはもともとこのような様子だというのです。主事は問題と捉えていませんでしたが、朝からエネルギーが欠乏しているような状況では、学校は活性化しません。なんとかしなければと思ったのです。

教職員に「生徒が元気よくあいさつできるようにさせてください」と指示することはできますが、それで問題が改善するとは思えません。

オリジナルのあいさつカードであいさつをほめる

そこで、オリジナルのあいさつカードを作成することにしました。もちろん、私の手仕事です。カードには、「素敵なあいさつをありがとう」と言葉を入れ、「○さんから□さんへ」（○、□には名前を記入する）という枠を印刷しました。このカードを玄関に数百枚置いて、模造紙に次のようにメッセージを書いて、来校者に校長の願いを伝えました。

「助けてください。我が校の子どもは元気なあいさつができません。来校された方は、このあいさつカードを数枚持っていただき、元気なあいさつをした子どもがいましたら、○のところへご自身の名前を書き入れて渡していただきたいのです」

子どもたちには集会で、「来校者の方に元気なあいさつができるとその方の名前が書かれたカードがいただけます。カードをもらった人は、□のところへ自分の名前を書いて、校長室前の箱にカードを入れてください」と話しました。これなら、校長室前の箱に入るカードが増えれば増えるほど、改善されていると判断できます。

生徒指導主事からは、「校長先生、中学生ですよ。カードごときで動きませんよ」と言われました。自分自身も99％その通りだと思いながら、**「やってみなけりゃわからない精神」で始めました。**

予想以上に子どもが変わる

結果は、予想に大きく反して大成功でした。まず1年生男子の中で、カード集めがブームになりました。来校者の姿を見るや否や玄関に走ってきて、「おはようございます」「こんにちは」と元気なあいさつをするようになったのです。カード集めが目的ですが、それでも校内に元気なあいさつの声が響くと、学校全体のエネルギーが高まります。

来校された方は、あまりにも元気がよいあいさつにびっくりされます。校長の顔を見るなり、「いやぁ、元気がいい学校ですね」とおほめの言葉をいただくようになりました。しばらくして、生徒指導主事が、「私たちもあいさつカードを持って歩きましょう」と言ってくれました。こちらから教職員に依頼をしようと思っていたところですから、こんなにうれしい申し出はありませんでした。校内のあちこちでさわやかなあいさつが飛び交うようになり、元気なあいさつは当たり前の光景となりました。

私が出張のために駐車場へ歩いているときに、「校長先生、行ってらっしゃい」と、生徒が窓から手を振って声をかけてくれたことがありました。それを見ていた地域の方から、「玉置校長先生が来られてから学校が変わりましたね」と言っていただけました。さらに、登下校中にも地域の方に出会うと元気よくあいさつをする子どもが増えたようで、地域からのおほめの声も多くなっていきました。

ポイント
何事もやってみなければわからない。思いついたらすぐに実行する。

子どもの動きの背景にある教師の支えに気づく

学校目標実現に向けて自ら動いてくれる教職員の存在。
校長として教職員になんとしても呼応したい。
子どもの動きの陰に教師あり。

学校に貢献できることを自ら考えて実行してくれる教職員

「いのちを実感するプロジェクト」を進める中で、図書担当者が、自校の図書室にあるいのちに関する本を集め、さらに市立図書館からも同様の書籍を取り寄せて、４００冊の特設本棚を設置してくれたことがありました。

管理職として、こんなにうれしいことはありません。自分の校務分掌の中で、学校プロジェクトにプラスとなる活動を考えて動いてくれたのです。もちろん、担当者の自発的な動きです。こちらが依頼したことではありません。

校長として教職員になんとしても応えたい

こうした教職員の動きには、校長としてなんとしても応えたいものです。そこで、特設本棚の上に、子どもへの呼びかけ文を掲げました。

「私はこの400冊を全部読んでみたい。しかし、時間もなく、とても不可能です。そこで助けてください。ここの本を読んだ人は、その本を持って校長室に来てください。どのような内容であったかを私に教えてください。来てくれた人には、ささやかですが、プレゼントを差し上げます」

私の呼びかけ文を読んだ担当者が喜んでくれたことは言うまでもありません。**自分の取組が校長に認められたと感じたに違いありません。**このことで、この担当者とはこれまで以上に結びつくことができました。

校長室を訪問する子どもが徐々に増える

呼びかけ文を掲示してから3日後に、はじめて子どもが校長室を訪れました。1年生の女の子です。

持参した本は、愛媛県の動物愛護センターの取材をもとにまとめられた『犬たちをおくる日』でした。「表紙の犬の写真がちょっと悲しそうな目をしていたので本を手にしました」とのこと。「人間同様に、命を大切にしてほしい」と話してくれました。

この子どもの訪問を皮切りに、次から次へ、男女、学年問わず、子どもたちが校長室を訪れるようになりました。そのたびに、本を話題にしながら子どもと会話をしました。また、百均で購入してきたいろいろな文房具を子どもに選んでもらいました。さらに、許可を得て、その子どもの写真を撮り、本の紹介文を学校ホームページに掲載しました。ありがたいことにだれ一人としてホームページ掲載を拒みませんでした。

ある担任の配慮に気づく

校長室を訪問してくれた子どもを名簿でチェックしているうちに気がつきました。特定の学級の子どもが多いのです。その理由は容易にわかりました。その担任が子どもたちに呼びかけているに違いありません。

さっそく職員室にいるその担任のもとに行き、

「先生、ありがとう」

とひと言伝えました。たったこれだけの言葉です。**これだけの言葉で相手には何を感謝しているのかがわかるもの**です。

「いえいえ、たいしたことではありません。うちの生徒がたくさん校長室に出かけていますか?」

という言葉が返ってきました。以心伝心でした。

ポイント
子どもと対話する場所として校長室を利用する。

子どものよい面、特長に光を当てる

子どもの才能に気づくことが大切。
子どもには教師を助ける力がある。
子どもには自身のよさが発揮できる場を与えたい。

子どもの才能に感服してアイデアが浮かぶ

全学級に実物投影機を設置したいと思い、行政に相談したことがありました。しかし、その実現は難しいことがわかりました。

そこで、少しでも自助努力をしようと思い、個人で購入した実物投影機をある学級に設置したことがあります。このことが、その後ドラマを生み出しました。

その学級に、T君という子どもがいました。その子どもが校長に話したいというのです。校長室で話を聞きました。

「校長先生が持って来た実物投影機は使えません。表示される画像の色が悪いからです。ランプを変えなくてはいけないのですが、そのランプはもう販売されていません」

などと、滔々と話すのです。ICTについての彼の知識量にびっくりしました。このような子どもが我が校にもいるのだ、子どもを侮ってはいけない、と強く思いました。

ICTトラブル対応隊結成

実は、彼は授業中に落ち着きを欠くこと、時として教師の指示に従わないことなどがあり、教職員間ではよくない意味で名が通っていました。しかし、ICTに関しては教師以上に詳しいのです。そういう彼の力を生かさない手はありません。

そのころ、教室に新たに設置した無線LANが不安定であり、教師が困ることがありました。そこで、そういう状況に無線LANを安定させる部隊（各学級から二名ずつ選出）

をつくり、彼にリーダーをしてもらうことにしました。

彼は、さっそくだれにでもできるトラブル対応マニュアルをつくってきました。そして、隊員を集め、そのマニュアルを基に研修会を開いたのです。子どもとは思えない動きです。

おかげで、授業中に無線ＬＡＮの不安定によるトラブルが発生しても、隊員たちによってすぐに修復され、教師が困ることは激減しました。

よさに気づいてもらえる場所があれば、より力を発揮する

彼は人の役に立つことの喜びを知りました。教師からほめてもらう場面も増えました。それにつれて、それまで彼が起こしていたトラブルは、ほとんどなくなりました。

その後、学校はある大学の防災プロジェクトに参加することになりました。活動日は土日です。

彼は、そのプロジェクトに進んで参加してくれました。そのプロジェクト推進にはＩＣＴは欠くことができないものでした。防災の視点で地域を巡回して、改善や整備が必要だと思われる場所やその状況を、専用につくられたシステムに入力し、行政に伝えることが

プロジェクトの目的だったからです。改善や整備がされた場合は、その状況を追記していきますから、町の変化をネット上で捉えることができるのです。彼はそのシステム活用の中心人物として力を発揮してくれました。

T君は、卒業後も依頼を受けて、ボランティアで家庭のパソコントラブル解消に自分の力を生かしているとのことです。

私にとっては、忘れられない子どもの一人です。彼は、1年生、2年生と、いわゆる教師を困らせる子どもでした。それが**彼の特技を知り、それを生かすことで逆に教師の「困った」を助ける子どもに変容した**のです。子どもの力は無限。そのことを痛感させてくれた子どもでした。

ポイント
子どもを多面的に見て、よさを生かす努力をする。

#「見ているよ」の言葉をかけ続ける

子どもの実態に合わせた情報発信部の創設。子どもの力を侮ってはいけないことを示した情報発信部。関心を寄せることが子どもを伸ばす方法の一つ。

情報発信部創設

校長として二校目に赴任した学校は、市内一の大規模校でした。多くの部活動がありましたが、長年問題を抱えていました。それは、部活動数は多いのに、文化部が少なく、運動部を避けたい子どもが入りたいと思う部がなかったことです。

そこで、昨今の情報化時代を意識して、子ども自身が取材した情報をブログで発信する「情報発信部」を創設しました。

この部の創設を提案したときには、実は反対の声が多くありました。「子どもに情報発信を任せて大丈夫なのか」「とんでもない情報を発信したらどうするのか」「どちらかというとおとなしい子どもが入る部になる。本当にやれるのだろうか」など、子どもの力やその活動を不安視する意見が続出したのです。

「まずは任せてみよう」と返答したものの、私は**多くの人から見てもらえる発信の場を得ることで、子どもたちは常識をもって活動すると信じていました。**また、顧問が発信内容をチェックするので、大変な状況になるわけはありません。

目を見張る情報発信部の活躍

情報発信部活動開始日には、校長として、次のように話しました。

「この情報発信部は、私が知っている限り、全国初の部活動です。だれにでも簡単にアップできるホームページシステムと専用のデジタルカメラを用意しました。この学校はホームページの毎日更新で有名です。ＰＴＡによるホームページもある学校です。ＰＴＡも頻繁に記事を更新して、学校の様子を先生と保護者で広く知らせています。そこに今日から君たちが発信者として加わります。つまり、この学校は教師、保護者、生徒の三者が情報発信する凄い学校になるのです。大いに期待しています」

情報発信部の子どもたちは、私の期待以上に活躍してくれました。子どもだからこそ取材できた記事が多く並びました。

例えば、部活動訪問です。子どもが子どもに取材するので、本音が出るのです。「体育館が狭すぎて練習がしにくいです。でも優勝を続けているからすごいでしょ！」「厳しい先生ですけど、すぐにウルウルくるところがかわいいです」など、教師が聞き手だったら絶対に出ない言葉が記事としてアップされるのです。楽しみにして読んでおられた保護者も多いと思います。もちろん教職員も同様です。

また、情報発信部が撮影した写真は、とてもよい写真が多いのです。プロカメラマンからも称賛された写真が何枚もあります。プロ曰く、仲間がカメラを構えているので、被写体の素が出ていてよいとのことです。情報発信部創設は大正解でした。

「見ているよ」のひと言が重要

　何事もはじめが大切と考え、情報発信部の記事についての感想は、顧問を通して部員たちに頻繁に伝えました。校長に見てもらっているということが大いに励みになったようです。時には「学校の中で夏を強く印象づける写真を部員が撮り、いくつかの記事で発信しました。ぜひ見てください」というリクエストもありました。上の写真のように、プロのアングルかと思わせる写真もありました。

多くの教職員が「見ているよ」のひと言を届けたこと、さらにサイトへのアクセス数が徐々に増加していったことが、取材活動と発信に勢いをつけました。

ポイント
子どもの力を信じて見守り、価値づけの声をかけ続ける。

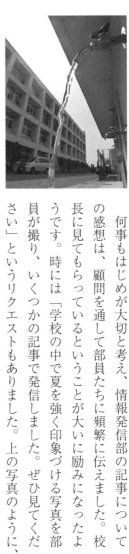

子どもの声を学校経営に反映する

教師と保護者の論理だけで物事を進めてはいけない。
子どもに考えさせると、大人の期待以上の考えが出ることがある。
子どものことを一番知っているのは子どもであることを忘れない。

PTAの「しゃべり場」と子どもの「しゃべり場」

子どものスマホ利用については、どの学校においても、少なからず話題になったことがあると思います。私の勤務校でも、ＰＴＡ会長らが「子どものスマホ利用について保護者で情報交流する会を開き、スマホを与えることの是非、スマホを与えた場合のルールづくりなどについて話し合いたい」という申し出がありました。

さっそく「ゲーム機・スマホを知ろう！　子どもを守るためのしゃべり場」と題した会が開かれました。この会では、スマホにかかわる社会問題を知ったり、悩みを出し合ったりしました。また、「あなたが子どもにスマホはまだ早いと伝えたときに、『僕を信用していないの？』と、子どもが言ったらどう答えますか」など、家庭でありがちな場面を想定してロールプレイも行いました。そのうえで、親としての望ましい在り方をまとめました。

さらに、当事者である子どもの考えも聞くべきだという意見が出て、子どもとの「しゃべり場」を開くことになりました。ＰＴＡ役員と生徒会役員での話し合いの結果、生徒会から全校生徒へ「スマホ利用の提言」が出されました。左は、その一部です。
・生徒会としてルールはつくらない。各家庭の事情があるので、ルールをつくるなら家庭でつくった方がよい。
・親子の間で信頼関係があれば問題は起こらないはず。ルールもいらないはず。
この生徒会の考えを知り、子どもに委ねた方が実態を踏まえたよい考えが生まれると痛感しました。

学校の規則を考える会の定期開催

もう一つの事例を紹介します。子ども、保護者、教師それぞれ代表15名ほどで、年間3回ほど「学校の規則を考える会」を開催しました。**規則は固定的なものではなく、状況に応じて変更すべきだと子どもに伝えたい、また、子ども自身が考えることで、規則の意義を理解できると考えた**からです。

あるとき、防寒具が話題となりました。防寒具として指定されていたのは、男女ともコートでした。子どもからは、「コートよりも軽くて雨に濡れてもよいウインドブレーカーをもっている。マフラーだけで十分防寒ができる日もあるので、コートの必要度は低い」といった意見が出ました。さっそく防寒具について見直しました。

子どもを主体的にさせるという事例としても、大いに参考にしていただけると思います。

ポイント
子どものことを一番よく知っているのは子ども。だから、子どもに聞く。

Chapter 6

保護者、地域との
かかわり方・つながり方

年度はじめに「今年は学校に足を運んでみよう」と思ってもらう

新年度早々のＰＴＡへの働きかけが大切。
保護者に来校を促す文書発行は有効。
今年度は学校にたくさん出かけてみようと思わせることがポイント。

新年度当初がＰＴＡとの連携を強化するタイミング

新年度当初は、校内のことを円滑に動かすことで精一杯になりがちですが、「保護者との関係づくりは落ち着いてからすればよい」と考えていてはいけません。連携を図る好機を失うことになります。

連携を強化するには、まず、**新年度当初に保護者に今年度はできるだけ学校に出かけようと思っていただくこと**です。そのためのおすすめの手段があります。

保護者の来校を促す文書を発行

保護者に年間計画を知らせるときに、来校を促す文書を同時に発行することです。関心の高い保護者は、年間計画を見ながら、学校に出かける期日にマークをつけたり、抜き出してメモをしたりしますが、そのような方は多くありません。だからこそ「今年は出かけてみよう」と思わせるような文書を発行するのです。具体例を示しましょう。

「来校いただきたい期日一覧」といったタイトルの文書に、期日、行事名等、ＰＲ文の一覧を記すのです。ＰＲ文は柔らかめに書くとよいでしょう。

●４月18日「授業公開・ＰＴＡ総会・学年懇談会」
担任が授業を行います。お子様の担任の名前と顔を、セットで覚えてください。学年懇談会では学年主任が１年間の指導方針をしっかりお話しします。熱く語る主任の話をぜひお聞きください。３年生は修学旅行の詳細についてもお話しします。必聴の懇談会です。

●６月17日「授業公開」

担任以外の者が授業を行います。２か月経過した学びの様子をぜひご覧ください。お子様から聞かれている学級の様子を実際にご自身の目で確かめていただけるよい機会です。

●７月29日、30日「３年生保護者会」

３年生のみ保護者会を開催します。お子様の進路についての最初の懇談会です。ご家庭のお考えをお聞きしながら、１学期の成績を基に情報提供をさせていただきます。

●９月21日「体育大会」

ご家族そろってお越しください。プログラムに各競技の開始予定時刻を示します。中学生になると「わざわざ来なくていい」と言うお子様もおられますが、本心は違いますよ。

●９月30日「授業公開・進路説明会」

半年経った学びの様子をぜひご覧ください。中学生の時期は成長著しいものです。4月とは学級の様子も随分と違います。進路説明会の対象は3年生ですが、他学年の保護者の方の参加も大歓迎です。いつ、どのような手順で進路を決定していくのかを説明します。

●10月30日、31日「文化祭」
文化祭のメインはコーラス大会です。きっと感動されることと思います。なお30日は、夕方から文化祭の展示物参観を開催します。昼はお仕事でご都合が悪い方、ぜひお出でください。じっくり参観できます。

いかがでしょう。単なる学校行事日一覧と比較してみてください。学校が保護者の来校を望んでいることが伝わる文書だと思います。

ポイント
保護者の来校を促す手立てを考える。

目標の具現化に向けて保護者へ働きかける

目標の具現化に向けて保護者にも協力を依頼する。
保護者アンケートの時期と回数の見直しを相談する。
「新しいことを始めるよ！　戦略会議」の命名で表現された学校の姿勢。

保護者に呼びかけて目標具現化を図ろうとした例

4月に掲げた様々な目標をどのようにして具現化しているでしょうか。

ここでは、一例として、重点努力目標として掲げた「学校評価の充実」に向けて、具体的にどのように動いたのかを紹介します（少々古い話で、主流がスマホではなく携帯電話だったころのこととご承知おきください)。

教育活動は、校長による目標設定を受けて各組織が具現化を図ります。しかし、「学校評価」は適切な学校経営にとって必要不可欠な事柄であるため、校長自らがリーダーシップをとるべきだと考えて積極的に動きました。

保護者アンケートの時期、回数を変えたい

まず、もう一人の管理職である副校長(教頭)に、「学校評価のうち、保護者アンケートは年度末に行うのではなく、行事終了後ごとに小刻みに行いたい」と自分の考えを伝えました。

保護者アンケートは、依頼・回収・集計の手間から、年度末にまとめて行う学校がほとんどですが、**保護者の率直な感想や意見を聞くためには、行事直後が一番よい**と思います。

とはいえ、紙を使ったアンケートを行事ごとに行うのは、保護者にも職員にもかなりの負担になります。

そこで、自分が所属する教育団体で開発した携帯電話等を使ったアンケートシステムを

使うことを提案しました。副校長からは了解を得ましたが、これまでにない取組です。当時は、アンケート入力時には、わずかな金額とはいえ、パケット通信料を保護者に負担していただく場合もありました。こういったことを学校の思いだけで進めることは危険です。そこでPTA役員に集まってもらい、説明会を開きました。

「よりよい学校づくりをするために保護者一人ひとりからご意見をいただきたい。そのために、携帯電話等を使ったシステムを活用したい。若干の費用負担が生じる場合があるが、了承していただきたい」

プレゼン資料を用意してわかりやすい説明を心がけ、実際に携帯電話を使ったアンケートシステムも体験してもらいました。参加者には興味津々で話を聞いていただけました。システムによって、意見が瞬時に集計される様子を目の当たりにしたことで、この新方式に賛同していただくことができました。先生方に負担をかけず保護者の意見を集約できるのであれば、喜んで協力するとも言っていただけました。「学校がこのようなことを相談してくれたことが、まずもってうれしい」とおっしゃる方もありました。

アンケート項目作成は、教務主任と行事担当者に依頼しました。各質問文の冒頭に学校の考えを示すように指示しました。このように動くと決めれば、新年度2か月間でもやれるものです。

「新しいことを始めるよ！　戦略会議」の開催

役員の方々は、この説明会がよほど印象に残ったようです。後日、この説明会はＰＴＡと学校の会議と位置づけられ、「新しいことを始めるよ！　戦略会議」と命名されました。そして、この後、戦略会議はけっこうな頻度で開かれるようになりました。

忘れてはならないのは「学校がこのようなことを相談してくれたことがうれしい」という言葉です。戦略会議開催が増えたのは、この言葉があったからです。学校が保護者とともに学校をつくろうとしていると感じていただけたからの言葉だと思っています。

ポイント
保護者とともに学校を創りたいという思いを伝えて話し合う。

学校ホームページを最大限に活用する

ＰＴＡ活動に対する意識を変えること。

ＰＴＡにありのままを伝えて相談する。

ＰＴＡにアイデアを出してもらい運営もしてもらう。

ネット発信している校長から学ぶ

「玉置君、保護者はね、ネットで校長比べをしているよ」

私が校長就任当時、小牧市教育長だった副島孝先生が私に発せられた言葉です。

校長職を拝命した平成16年ごろですが、頻繁にマスコミに登場したり、ネットで積極的に発信したりする二人の校長がおられました。

一人は、「百ます計算」の陰山英男さん（陰山ラボ代表）、もう一人は元リクルートの民間人校長の藤原和博さん（教育改革実践家）です。

遠く離れた地の校長でしたが、その動きや考えがネットを通してよくわかりました。ところが、近隣の校長から得る情報は乏しいのです。

校長同士でさえこのような状況であるので、保護者は我が校の校長は何をしているのか、皆目わからないという状況だろうと思いました。

副島教育長は、これらのことを称して「ネットで校長比べをしている」と言われたのだと思います。

むろん、多くの保護者は校長がだれであるかよりも、我が子の担任の方が気になります。しかし、それでは校長としては悲しいのではないでしょうか。冒頭の言葉は、「陰山・藤原さんのようにもっと発信していきなさい」という教育長の指示だと捉えました。

校長名が知られていない現実

平成19年度から5年間教育行政に籍を置きました。

県民の学校教育への苦情電話に対応していると、**学校の取組が保護者や地域の人に理解されていないことで誤解を生んでいるケースがしばしばありました。**また、学校は基本的なことをちゃんと伝えているのだろうかと感じるケースもありました。例えば、校長名です。

「校長は何をしているのだ」

という激怒の言葉を聞いた後、では「校長名は？」と訊ねると、答えられない方がほとんどでした。保護者に名前も知られていない校長では、あまりに寂しく感じます。

ホームページを再構築して積極的に発信

こうした経験もあり、24年度に再び校長に就いたときには、積極的な情報発信を重点目標として掲げました。そして、ホームページに大きな四つの項目を設け、リニューアルしました。
一つ目は**「よくわかる教育活動」**です。この項目では、「教科書が厚くなった理由」など、学校教育にかかわる様々な事柄を説明することにしました。
二つ目は**「学び合う学び」**です。「学び合う学び」とは、小牧市教育委員会が掲げている授業づくりの指針です。授業の様子を写真と説明で発信し、目指している授業像を伝えることにしたのです。
三つ目の**「ABCDの原則」**という項目は、始業式式辞で示した生徒の行動指針（A＝当たり前のことを、B＝ばかにしないで、C＝ちゃんとやれる人が、D＝できる人）が具現化されている場面を写真で発信するものです。
四つ目は**「教育の情報化」**です。多額な市税で整備されている学校のＩＣＴ機器をどのように活用しているかを知らせる項目です。

ポイント
学校ホームページを活用して積極的な情報発信をする。

地域コーディネーターの底力を引き出す

地域コーディネーターから叱られたこと。
職場体験先は教職員よりも地域コーディネーターの方が詳しい。
地域コーディネーターへの相談で一気に解決。

「職場体験学習は困ります」という学年主任の意見

地域コーディネーターに「なぜ、校長先生はそういうことを相談してくれないのですか」と、強く叱られたことがあります。

新任1年目の校長時代のエピソードです。

赴任校では、中学2年生が職場体験学習を秋に行う計画で、新年度がスタートしていました。ところが、2年の学年主任が校長室に来て「秋の職場体験学習はとても困ります。2年生の職員はみんな反対しています」と言うのです。4月当初の職員会議で今年度の年間計画は了解されています。「みんな反対している」といっても、その「みんな」は少数である場合もありますので、詳しい理由を聞きました。

理由を聞いても打開策が浮かばない苦しさ

「秋は部活動が新チームで動き出す時期。この時期に職場体験学習が行われると、2年生の教職員は、放課後に受け入れ先の事業所への依頼と確認、新たな職場の開拓などの仕事をしなければならなくなり、新チームの指導ができない」というのが理由でした。

これまでそのようなことがあっても、秋に実施してきており、従来の受け入れ事業所は秋実施で了解されているはずです。

理由の中に「事前確認がとても面倒」といった不満が垣間見え、少なくとも何かしら手を打たないといけないと判断しました。とはいえ、打開策がなかなか浮かびません。悶々とする日々が続きました。

地域コーディネーターに相談すべきだったこと

ある日、地域コーディネーターが校長室に顔を出されました。私の様子を見て、「校長先生、とても疲れておられますね」と言われました。

話すつもりはありませんでしたが、労いの言葉がきっかけとなり、職場体験実施の悩みを口にしました。そのときに言われたことが、冒頭の「なぜ、そういうことを相談してくれないのか」という言葉でした。

コーディネーターから、事業所ごとの受け入れ希望人数や確認が必要な事柄などを教えてほしいと言われ、資料を渡すと「お母さんたちに声をかけて、何人かで事業所回りと開拓をしてきます」と校長室を出られました。この動きにもびっくりでした。

ものの1週間ほどのことです。事業所リストを持参したコーディネーターが来校されました。

二人一組の数グループで、事業所を回られたそうです。もともと地域の方々です。**教職**

員以上に地域事情はよくわかっておられます。新たに依頼を受けていただいた事業所が数か所あり、リストを見た2年生職員は驚き、とても喜びました。私もリストを見て、なるほど、こういうことこそ地域コーディネーターに相談すべきだったと痛感しました。

校長として事業所訪問をしたときに、ある社長に言われました。

「校長さん、上手だね。お母さんに頼まれたら断れないよ」と。

職場体験の当日、リストをつくってくださったお母さん方が、職場体験の見学に回られました。自分たちがお願いした手前、子どもの働きぶりが気になったとのことです。よい意味で、関心をもっていただいたのです。

ポイント
困っているときこそ相談時。

ＰＴＡと課題を共有し、解決策を見いだす

ＰＴＡもホームページで発信したいという要望には応えたい。
ホームページを通して学校とＰＴＡがコミュニケーションをする。
「授業参観」の課題を共有して新しい企画を生み出す。

ホームページ発信をしたいとＰＴＡから要望が届く

校長のとき、学校ホームページは毎日更新を基本としていました。ＰＴＡ役員から、「毎日更新のおかげで、学校の様子がとてもよくわかるようになりました。ＰＴＡ活動についても発信したい」という要望がありました。

こうした前向きな提案は、何が何でも実現しなければいけないと思い、専用サイトを用意しました。そのうえで、「学校は内容をチェックしません。よろしくお願いします」と伝えて自主運用してもらうことにしました。

授業参観の保護者の態度を記事にしたことが契機

あるとき「授業参観時の保護者の態度」について、校長とPTAがホームページ上でやりとりすることになりました。ケンカしているのではないかと思えるほどの内容でした。発端は、校長の私が発した「授業参観時、廊下での保護者のおしゃべりが多すぎたので、教室ではもちろん、廊下でも話さないでほしい」という記事でした。

するとPTAから、お詫びとともに、「しゃべってしまう保護者の気持ちも聞いてほしい」という記事が発信され、その理由が二つ書いてありました。一つは、「久しぶりに会うから」。これは許せるとして、もう一つはとても許せない理由でした。「計算練習したり、資料を読んでいたりする時間が長くて、授業がつまらないから」と書かれてあったのです。

1年に5回も授業公開をしているため、教職員には「授業参観では、保護者を意識してわざわざ教育課程を変更することはしなくてよい。時には多くの計算問題をしているところを見てもらうのもいい」と話していました。そんな中、先の記事が発信されたのです。

「授業がつまらない」と書かれた翌日、次のように発信しました。

「授業がつまらないとのご意見ですが、授業は子どもたちのために行うのです。前時を踏まえて、練習問題に時間をかけることもあります。授業参観だからといってわざわざ内容を変更しなくてよいと教職員に伝えています。ぜひご理解ください」

ＰＴＡからは電話があり、「批判ではなく、あのような感想があることを伝えたかった」との説明でした。「この機会に授業参観について、ともに考えましょう」ということになり、話し合いをもつことになりました。

「ミニミニ講演会」と「PTAサロン」の開催

「授業そのものへの関心はあまりなく、気になるのは自分の子どもです」という本音を聞くことができ、「授業を見る以外の楽しみをつくろう」という発想から、授業参観日に、「ミニミニ講演会」と「ＰＴＡサロン」を開催することになりました。

「ミニミニ講演会」は、**教職員による15分程度の保護者向けの講話**です。教職員の「人となり」をわかってほしいと思い、授業公開と並行して開催しました。講話を聞いてから授業を見に行くことができ、またその逆も可能になるようにしました。

話し手をだれにするかリクエストをとると、1回目は、血気あふれる教師が選ばれました。この教師は、時に激しい口調で部活動を指導しているので、誤解を生むところがありました。しかし、ユーモアいっぱいで、教室は笑いが絶えることなく、とてもよい学級をつくることができる教師でした。ところが、こうした持ち味をほとんどの保護者は知りません。講演会はそれを知らせる絶好の機会となりました。

「PTAサロン」も授業公開と同時並行で開催しました。**PTA会費でコーヒーやお菓子を購入し、サロンで飲食をしながら、おしゃべりを楽しんでもらう場**となりました。運営はすべてPTAです。授業参観時に起こる問題を解決した好例だと思います。

ポイント
PTAと課題を共有することで、新しいアイデアが浮かぶ。

関心をもってもらうことを恐れない

学校に関心をもってもらえることをプラスに考える。
「おやじの会」などの父親との連携を大切にしたい。
学校のことを真剣に考えるからこその助言がある。

「おやじの会」から関心をもたれた幸せ

一校目の校長時代の話です。その学校は「おやじの会」の活動が盛んな学校でした。異動直後の4月3日には、「おやじの会」の会長さん（元ＰＴＡ会長）が来校され、なんと廊下の壁の塗りかえをしてくださいました。またＰＴＡ会長（おやじの会・会員）から

「ホームページ更新していましたね。ちゃんと見ていますよ」という言葉をもらいました。

3日前に校長になったばかりの、足が地に着かない状況です。こうしたおやじさん方の動きや言葉にドギマギしましたが、赴任早々に頼りになる存在に会うことができたのは幸運でした。

このエピソードを話したら、「大変な学校に赴任したね」と言われたことがありました。外部の方に関心をもたれることをマイナスに捉える方がいます。「関心→苦情」と考えてしまうのでしょうか。このような方に出会うと、**「子どもの学習への関心・意欲を高めるのが授業づくりには重要です。保護者や地域の学校への関心・意欲を高めるのが連携においては重要なのです。関心が高いことはプラスです」**と言っています。

おやじの会と学校との連携強化

5月に開催された「おやじの会」では、活動計画の審議がなされました。その中で、4月早々からリニューアルした学校ホームページが話題となりました。新任校長として最初に行った学校改善を話題にしていただけるなんて、夢のようなことでした。ホームページ更新に勢いが出たことは言うまでもありません。

おやじさん方に企業人が多いこともあって、話題は、学校ホームページから子どものICT活用まで及びました。ネットトラブルから校内殺人にまで至った事件のことも話題に上がりました。社会でのICT活用に必要な力について言及されたときは、しっかり勉強しておかないとおやじさん方からの信頼を失うぞと肝に銘じたことを覚えています。

このような関係がもてたことで、「おやじの会」とともに様々な取組ができました。今思えば冷や汗が出るようなことを考えたこともありました。学校を学びの拠点にしたい、父親に学校に関心をもってもらいたいという思いから、休日に「利き酒会開催」を企画したのです。これを聞きつけた「おやじの会」が「校長さん、いくらなんでもそのアルコール企画はまずいですよ。先生に傷がつくよ」と止めていただきました。しかしその後、おやじの会主催で同様の企画が実施されたことを補足しておきます。

ポイント
世間をよく知っている方々との連携を大切にしていく。

Chapter 7

校内研修のコスパを高める

「3＋1授業検討法」で授業検討会を充実させる

授業検討会が真の検討会になっているかを振り返る。
だれもが気軽にかつ対等に意見が言える検討会であるべき。
授業者がはじめに反省をしなければいけない検討会は疑問。

形式だけの授業検討会に飽き飽き

教員になってからずっと変わらないことの一つが、研究授業後の授業検討会です。若いころから、検討会には違和感をもっていました。検討会の流れ、その内容についてです。授業検討会のはじめに決まって行われるのが、「授業者の反省」です。

「今日は私の拙い授業を見ていただきありがとうございました。発問がぶれてしまって、子どもたちは何を考えたらよいか困ってしまったと思います」

など、授業者が謙虚に自分の授業を振り返ります。

若いころは、授業検討会で最初に授業者が反省することには違和感をもっていませんでしたが、自分が研究授業をしたときに、疑問が生じたのです。謙虚であることは大切なことですが、**自分なりにしっかり考えて授業に臨み、精一杯授業を行った者が、なぜはじめに反省しなくてはいけないのか**、と。

ベテランから意見が出ると、もっともだという雰囲気

また、ベテランから意見が出ると、もっともだという雰囲気になり、まず異論が出されることがない検討会にも違和感を覚えました。もちろん、ベテランが長年の経験を基に発言されるのですから納得度も高いのですが、別角度から見たいろいろな意見が出てきて当然だとも思いました。

最後には、校長先生からの助言がありました。生意気なところがありましたので、校長

の助言を聞きながら、心の中では「助言ができるのなら、授業を行う前にすればよかったのに」と思っていました。

3＋1授業検討法

このままの授業検討会では授業提供をしていただいた方に申し訳ないと思い、提案した方法が、「3＋1授業検討法」というものです。

5、6人のグループになって、研究授業でよかった事柄をそれぞれが出し合って三つに絞る、また同じく改善点を一つに絞り、それを模造紙に書いて、そのグループの中で一番若い人が発表するという検討会です。実践を通して、どの学校でもできるよい授業検討法という手応えを得ています。

この方法のよいところは、**少人数で話し合うので、若い教師も意見が言いやすい**ところです。また、全体で検討会をする場合に比べて、**一人ひとりが話す時間が圧倒的に長くなる**ということです。さらに、そのグループの中で、**一番若い人を発表者と指定したことで、自然にベテランの考えがしっかり受け止められる**ことになります。

各グループの発表が終わった後に、授業者がそれを受けて授業の反省を述べます。自分の授業のよさが各グループで価値づけられているので、授業者も素直に振り返ることができます。

40分くらいの時間で十分に授業検討会ができます。なお、校長もどこかのグループに入り、そのグループで他の教員と同じ立場で、自分の考えを述べればよいのです。

検討会議、各グループの模造紙は、授業者に持ち帰ってもらいます。

「先生、授業で悩むことがあったら、ぜひその模造紙を見返してください。よいことがいっぱい書いてありますから、元気が出ますよ」

と伝えています。

ポイント

3＋1授業検討会で、これまでの検討会から脱皮する。

即時評価で授業者のよさを捉える

即時評価こそが日常的にできる授業評価。

授業終了時の板書を利用した評価も効果的。

授業がうまい教師がいる学校は大きな財産があるのと同じ。

即時評価の大切さとその効果

管理職が授業訪問を行ったら、その授業者のよさを捉え、それを本人に伝えることです。

ここでは、その具体的な方法を紹介します。

まず大切なことは「即時評価」です。私は授業訪問でも、**授業の流れを止めないように**

留意して「即時評価」をしてきました。

子どもが資料を調べている時間やグループで話し合っている時間を利用して、授業者の傍らに行き、小声で「さきほどの発問はいいねえ」「あの子どもの発言をあの子どもにつないだことはすごい」などと、つぶやきました。当初こそ授業者にびっくりされましたが、授業にこだわる校長と認識してもらってからは、授業中の「即時評価」は当たり前になりました。

「即時評価」の最後に、「この続きはまたね」とひと言添えることも多々ありました。このひと言を加えておくと、夕方、校長室を訪問してくれる授業者がいるからです。「続きはまたね」と言われたままでは、なんとなく落ち着かないものです。再び、授業を基に会話する機会が生まれるわけですので、授業好きな私にとってはたまらない楽しみとなりました。

授業終了時や空き時間を活用して価値づけする

次に、授業終了直後です。**板書が残っている状態で授業の価値づけをする**のです。「この意見をうまく引き出したのがいい」「これとこれを結びつけて説明したのはさすが」など、板書を利用して具体的に評価します。

授業者が空き時間を利用して、校長室を訪れることもありました。そのときはメモを基に、気づいたことを時系列に話しました。もちろんよさを中心に伝達しますが、改善点も提案するようにしました。

例えば、「あの課題の語尾をもっとシャープな表現にしたらどうだろうか。調べたことを基に自分の考えをもたせるわけだから、『成功したか否か』といった判断をせざるをえない課題設定にした方がいい」という具合です。授業中に撮影した写真を見ながら話すのも効果的です。「この４人グループは、資料を中央に出して、相手に見せながら説明し合っている。こうしたグループが増えるといいね。先生が気づいたときに全員に向けてほめることで価値づけしておくといいよ」と。

ここだという場面を情報端末で動画に撮り、後で授業者とともに振り返ることも有効です。多くの場合は、本当に記録しておきたかった場面はすでに過ぎ去っていますが、動画が授業を再現するためのトリガーとなるのです。

ある国語教師の授業を見て財産に気づく

ある国語教師の授業です。多くの授業を見てきた私が、舌を巻くほどうまい授業でした。子どもの発言の受け方、つなぎ方、ポイントの押さえ方、学習の広げ方など、申し分ない授業でした。必死になってその状況をメモしました。それを授業者に渡しつつ、常日頃の授業づくりについてヒアリングをしたところ、すべてが意図的に行われていることに改めて感服しました。私一人の学びで終わらせてはもったいないという思いに駆られ、教務主任に若手勉強会の設定を依頼し、その授業者に私がインタビューをする形で、よりよい授業づくりのポイントを共有する試みも行いました。

ポイント
授業者と管理職の間で授業の振り返りをする場面を多くつくり出す。

よいところ見つけの機会として授業訪問を行う

授業を見ることは校長の仕事の一つと教職員に伝える。
まず子どもを見てから、次に教師を見る。
授業訪問では教師の「よいところみつけ（長所伸展法）」をする。

4月早々に「授業訪問します」と宣言する

授業訪問をする際に心がけるとよいことを紹介します。

時間をつくって、カメラを持って授業訪問をしておられる方もいると思います。そうしたくても、授業者に嫌がられそうでなかなか教室に足が向かないという方もおられるでしょう。そこで、4月早々に次のように話しておくことです。

「子どもたちの学びの状況、つまり授業を受けている様子を見ることは校長の大切な仕事です。事前の断りなしに教室に入りますが、悪気はまったくありません。どうぞご了承ください」

特に、**若い教師の授業力を上げるには、全体研修よりも、実際に授業を見ての個別指導の方が効果的**です。したがって、若い教師の授業を多く見るとよいでしょう。また、カメラ持参の授業訪問は、学校ホームページのネタにもなります。

教師より子どもの様子を見ることに重点を置く

校長室の机上には常に時間割表を置いておきます。どの教師がどの学級で授業をするのかを知るためです。「この先生の授業は最近見ていないな。よし○年□組へ出かけよう」と特定の学級を決めて訪問する場合、学年を決めて訪問する場合、学校全体の授業風景を見ておこうと向かう場合など、校長室を出るときには、訪問先をある程度決めておきます。

私は、廊下の窓から授業を見ることがほとんどでした。重点を置いて見るのは、授業者ではなく子どもです。**教室の前方から子どもの表情をじっと見ます。**表情だけでも、子どもが自ら学ぼうとしているのかどうかは一目瞭然です。学びから逃げていると思われる子どもは、しばらく注視します。特に気になる子どもは、授業者と懇談するときの話題となります。名前や座席位置をメモしました。

しばらく子どもの様子を見た後で、授業者を見ます。今の子どもの状況をつくり出しているのは教師だからです。例えば、全体の集中力がとても高い場合、その逆の場合、ともにその要因を自分なりに考えることをしました。思うことをメモしておき、授業者との懇談材料としました。

授業訪問は「長所伸展法」の精神で

若手の授業を中心に見ると、授業技術について気になることが多くあります。例をあげると、教師の視線が全体に及んでいない場合、一度に多くの指示を出して子どもを混乱させている場合、子どもの発言を教師の都合がよいように取り上げている場合など、様々です。いずれも具体的に助言できるようにメモをしました。

しかし、授業訪問はあら探しをするために行うのではありません。基本はその授業者のよさを捉え、本人に伝えることが目的です。これは「長所伸展法」の精神です。この言葉は、経営コンサルタントの船井幸雄さんの著書にありました。経営難に陥っているスーパーを立て直すために、船井さんはそのスーパーのよさを見つけ、そのよさをさらに伸ばすようにアドバイスします。短所を見つけて是正するより、長所を伸ばすことに精力を費やすという精神を表した言葉が「長所伸展法」です。

この精神は授業者との間に前向きなコミュニケーションを生むために欠かせないものとして大切にしています。

ポイント
授業訪問はまず子どもを見て、その状況をつくり出している教師を見る。

外部指導者をフル活用する

外部指導者を生かすのは管理職の思いがあってこそ。
依頼内容一つひとつに考えがあって当然。
外部指導者に次期学校リーダーを随行させて学ばせる。

外部指導者へ思いをしっかり伝える

外部から助言者を招いて授業力向上を図ろうとする学校も少なくありません。ここでは、私が角田明先生（元茅ヶ崎市内校長）にお願いをしたときの詳細をお伝えします。

せっかく来ていただくのですから、できるだけ多くの時間、多くの教職員とかかわっていただこうと考えました。2月のことです。

1日目

夕方、最寄り駅に迎えに上がる。ホテルに到着。夕食は、教頭と2年目の教職員二名とともにとっていただく。

2日目

8時学校到着。職員打ち合わせでごあいさつ（ご指導）いただく。2・3時間目、2年目の教員（夕食を一緒にした者）の授業観察後、指導。入学説明会で保護者に「中学生をもつ親の資格」と題して講演。他の時間は、自由に学校参観をしていただき、気づかれた点を管理職に話していただく。

こうしたスケジュールをお願いする自分の思いをしっかり伝えました。経験上、外部指導者を呼ぶこと自体が目的となっていると感じる学校があります。それでは、せっかくの外部指導者を生かすことができません。

教頭と二人の教員とともに夕食の会を設定したのは、まずは教頭に角田先生の「人となり」を知らせたいという願いがあったからです。教頭はいずれ校長として学校経営のトップに立ちます。自身が経営責任者となったときの考えはしっかりもっている教頭ですが、角田先生のような校長が実在したことをぜひとも知ってほしいと考えたのです。

外部指導者に随行させて指導者としての力をつけさせる

角田先生には若手の授業を中心に見ていただき、授業後、直接指導をしていただきました。また、角田先生に主幹あるいは教務主任を随行させて、角田先生が授業を見ながら話されることをメモしておくように指示しました。また、授業者に指導される場面にも主幹や教務主任を同席させ、その指導内容を記録し、それをすべての教員に配付するように指示しました。

私は、あえて授業観察や指導の場面には同席しませんでした。それは、若手の授業力だけではなく、主幹や教務主任の授業を見る目も育てたかったからです。主幹や教務主任の立場にある教員が高めなければならない力の一つに、「授業を見る力」があります。もちろん、自分自身の授業力は高め続けなくてはいけませんが、**立場上、授業改善のための適切な指導ができる力を伸ばす必要がある**のです。角田先生には、授業者を鍛えていただくだけでなく、同行する授業観察者をも鍛えていただいたわけです。

次は、主幹と教務主任が書いた角田先生からの学びの一部です。

「角田先生は、授業に対する教師の心構え、子どもとのかかわり方などをずばり話されました。板書やプリントを上手に活用して無駄を省く、時間をかけるべきところに時間をかける、できるだけ机間指導をして子どもの観察や声かけに努める、子どもの活動を全体に広げていく工夫が必要である、と強調されました。

角田先生の授業への眼差しから、授業のどこを見るべきかがよくわかりました。子どもと教師の関係性を子どもの表情から読み取っておられました。また発問は、常に子どもの立場でお聞きになっておられました。だからこそ、あのようなシャープな言葉で助言ができるのだと感服しました。授業の見方について大いに学ぶことができた一日でした（文責 主幹・教務主任）」

ポイント
外部指導者の力をとことん使わせてもらおうという気持ちが大切。

多様な研修をしかける

校長自ら「校長塾」を開催する意義を伝える。
研修方法や内容は多様であることを示す。
研修内容を定着させるのには校長のひと言が大切。

月1回の「校長塾」開催に踏み切る

自校の若い教師対象に、月1回、「校長塾」を開催したことがあります。

向山洋一氏の『授業の腕を上げる法則』（明治図書）の輪読、優れた授業ビデオ（野口芳宏氏、志水廣氏など）からの学び、模擬授業を通しての授業技術の学びなどが主なプログラムです。過重な負担とならないよう、毎回60分間ほどで実施しました。**毎月1回としたのは、その時期に合わせた内容が設定できるから**です。

力量向上は、己がいかに日々こだわって教育活動を行っているかで左右されると考えています。このことから定期的に校長塾を開催することで、それぞれの日々のこだわりを継続させることができると判断しました。また以前に開催したときは、自分一人で切り盛りしましたが、ベテランにも加わってもらう、話し合いを入れるなど多様な手法を取り入れました。教育委員会主催などの官制研修は、講義型で講師からの一方通行に終始する場合が少なくありません。研修後にあまりよい感想を耳にしないことなどもあって、多様な研修方法を考えました。

タイプが異なる二人から学級経営を学ぶ会

第1回目は、毎年、安定した学級経営を行っている二人の教師に語ってもらうことにしました。力量がある二人ですので、「自由に語ってください」と言っても応じてくれるでしょうが、同じ質問をぶつけ、対比をすることを通して、参加者に学級経営について深く考えさせるよう意図しました。こういうことができるのは校長の特権です。

まずは「この4月、学級経営において一番大切にしていることは何か」と問いかけました。

二人から「ゆずらない」という言葉が返ってきました。当然、この言葉が意味するところやそのための行動を顕在化する質問を重ねました。参加者からの感想も求めました。

次に「4月に心がけている行動は何か」という問いかけに対しても、二人から同様の回答が返ってきました。「生徒一人ひとりをよく見る」ということでした。しかし、回答は同じですが、その方法が違うのです。目的が同じでも様々な方法があることがよくわかります。40分間ほどの対談でしたが、タイプが異なる教師の学級経営法から、参加者は己の学級経営について深く考える機会になりました。

意味あるものとするためにフォローが大切

「校長塾」をより意味があるものとするためには、その後のフォローが大切です。

廊下や湯茶室で参加者に会ったときのひと言です。「どう思った?」「参考になった?」

「いろいろなアプローチの仕方があるよね」などとひと言かけて会話をします。**先輩教師から学んだことを校長に伝える機会をつくることは、学びを確かにさせる効用があるの**です。よい話を聞いたと思っても、その後の行動に生きなければ意味がありません。ひと言の声かけで、消えかかっていた決意を思い出すことができます。

このように、意図的に動きましたが、実は私自身が教育について話すことが根っから好きだということもあります。

また保護者にこうした取組をしていることを学校ホームページで発信しています。「努力は人に見せるものではない」という考え方もありますが、今は積極的に情報伝達すべき時代だと思います。

ポイント
校長自らが多様な研修方法や内容を提案して自ら動く。

教職員個々に応じて助言する

やる気はあっても授業力を高められない教師がいる。
教材研究の基礎基本から伝えることが大切。
授業シミュレーションを通してポイントに気づかせる。

やる気はあっても授業力に乏しい教師

学級経営を熱心にしていても、残念ながら、授業力は乏しいという教師が各校にいることと思います。けなげに取り組んでいるからこそ、応援したくなるものです。自校にもこのような教師がいました。よい授業をしたいという思いはあるのですが、授業の基礎・基本が身についていないのです。励ます言葉だけでは改善は難しく感じて、次のようなかかわり方をしたことがあります。

教材研究の方法から伝授

社会科教師です。「社会科は教えることが多くて、つい自分が話すだけの授業になってしまいます」と言います。もちろん、話すことを否定はしませんが、子どもに考えることをほとんどさせませんから、子どもたちの集中力は徐々に途切れ、授業がざわついたり、子どもが寝てしまったりしていました。

そこで、次回の授業で扱う教科書の該当ページをコピーして、校長室に来るように指示しました。

「教科書に、ここは説明しようと思うところには青線を、考えさせたいところには赤線を引いてください。そして、それを考えさせるための発問をつくってください」

このように具体的に指示をしないと「先生が話すばかりではなくて、子どもに考えさせてください」と伝えたところで、なかなか変容はしないのです。

校長室で授業シミュレーション

考えさせる発問が浮かんだ段階で、私が子ども役になって、その発問に答えてみます。すると、その教師が意図したことがよくわからない場合が多々ありました。例えば、「自然災害に人災が重なるとはなんですか」という発問ではなく、「『自然災害に人災が重なって被害が拡大するといいますが、具体的な例を考えてみよう』など、答える子ども側の立場で発問を考えることがポイントですよ」などと助言をしました。こうしたことを何度か繰り返して、教材研究のコツをつかんでもらいました。またその授業を見て、よい点を強調したうえで、いくつかの改善点を伝えました。

ポイント
授業力を高めるには、個々の教師にそれぞれ具体的な指導が必要。

Chapter 8

アクティブラーナーを育てるためのスクールマネジメント

予測困難な未来の教育を考える

「予測困難」な時代を迎えるこれからの日本。
新学習指導要領に「人工知能」登場。
人間が人工知能に取って替わられるかもしれない。

新学習指導要領のキーワードは「予測困難」

2017年に告示された学習指導要領の解説・総則編の冒頭に次の文があります。

「今の子供たちやこれから誕生する子供たちが、成人して社会で活躍する頃には、我が国は厳しい挑戦の時代を迎えていると予想される。（中略）また急速に変化しており、予測が困難な時代となっている」

このように、**これからの日本が迎える予測もできない局面**を最初に述べています。

ポイントを伝える

「予測困難な時代」が新学習指導要領のキーワードですから、次のように教職員に話すとよいでしょう。

まずは

「これまでの学習指導要領と立ち位置が大きく違うのです」

と伝え、何が違うのかという疑問をもたせます。

「学習指導要領はほぼ10年ごとに改訂されてきましたが、そのつど10年先の世の中をきっちり予測していました。それを基にして、新たな教育、例えば総合的な学習の時間の導入の必要性を訴えてきました。ところが、今回の学習指導要領のキーワードは『未来予測困難』です。未来予測困難な時代に入るからこそ、教育を変えていくというのが、今回の根本なのです。未来はどうなるかわからない。だから、教育を変えると言っているのです」

冒頭に「人工知能」も登場している新学習指導要領

新学習指導要領では、「人工知能」についても触れていることも、原文を紹介しながら伝えておきましょう。

人工知能（ＡＩ）の飛躍的な進化を示して、次のように記されています。

「人工知能がどれだけ進化し思考できるようになったとしても、その思考の目的を与えたり、目的のよさ・正しさ・美しさを判断したりできるのは人間の最も大きな強みである（中略）子供たちが様々な変化に積極的に向き合い、他者と協働して課題を解決していくことや、様々な情報を見極め知識の概念的な理解を実現し情報を再構成するなどして新たな価値につなげていくこと、複雑な状況変化の中で目的を再構築することができるようにすることが求められている」

知識を得ることはとても大切なことですが、**知識だけでは子どもは人工知能に負けてしまいます。**その結果、働く場を得ることができないかもしれません。こうした認識はすべての教職員がもつべきだと思います。

お勉強ができるだけの子はもうすぐ人工知能に取って替わられる

この言葉は、新学習指導要領にあるわけではなく、インターネット上で流れていた言葉です。

「お勉強」の定義が曖昧ですが、そうなると思う人は「○」、そのようなことにはならないと思う人は「×」と、立場をはっきりさせて話し合ってみるのもよいでしょう。

ポイント
予測困難な時代を迎えるにあたって、子どもたちに必要となる力を見極める。

まずは自己選択の場面から「主体的な学び」を生み出す

自己の学習を振り返らせることが大切。
「主体的」という言葉への距離感を小さくする。
子どもを主体的にさせるために自己選択の場面をつくる。

自己の学習を振り返って次につなげる主体的な学び

「主体的・対話的で深い学び（いわゆるアクティブ・ラーニング）」という、新学習指導要領で示された授業改善のキーワードは、すでに何度も耳にしていることと思います。

ここでは「主体的な学び」に焦点を当てます。

学習指導要領に示された主体的な学びの定義は、「学ぶことに興味や関心を持ち、自己のキャリア形成の方向性と関連付けながら、見通しをもって粘り強く取り組み、自己の学習活動を振り返って次につなげる『主体的な学び』」です。管理職として、この学びをどのようにして自校で実現させていくかを考えておられることでしょう。

教員に定義を何度伝えたところで、現実化しません。**明日の授業からできることを示し、徐々に積み上げていくしかありません。**

「主体的」という言葉への距離を縮める話をする

私ならこう動くということを述べます。

まずは、「主体的」という言葉への距離感を縮めるために、笑いが生まれる次の話はどうでしょう。

「子どもが主体的になればなるほど、教師は楽になります。子どもが自ら動くわけですからね。ところが、主体的にさせることは容易ではありません。例えば、主体的に学校に来ている子どもは何人いるでしょう。『学校に来るのはあなたの判断でどうぞ！』と言ったら、何人が登校するかわかりません。先生方だって、主体的に来ている人が何人いるかわかりません」

などと、笑いを生みながら、「主体的」という言葉へ接近させます。そのうえで、授業提案をするとよいでしょう。

主体的場面を生み出す授業提案をする

「子どもを一気に主体的にさせることは難しいのです。そこで提案です。授業の中で、子どもを主体的にさせる場面を一度はつくりましょう。**自己選択させる場面を与える**のです。例えば、三角形のことを調べたとします。子どもに、次はどんなことを調べたいか、あるいは何を調べたらよいか、と問いかけるのです。教師から、四角形のことを考えようと指示した場合と、子どもたちから四角形について考えたいと言い出した場合とでは、学習の質が異なってきます。定義で言えば、『自己の学習活動を振り返って次につなげる』という部分の具現化です」

こうした具体例をあげての提案なら、教職員も納得すると思います。

「授業で1回、自己選択をする場面があれば、1日で6回。5日間で30回にもなります。こうした積み重ねで、『先生、今度はこんなことを考えたい。ここを調べたい』と主体性がうかがえる発言が出てきます。それを捉えて、大いにほめるのです。このことを全職員でやり続けましょう」

この話の後、「今日行った授業を思い返し、選択場面をつくってみてください」と指示して、発表してもらうとよいでしょう。わりと簡単に思い浮かぶものだと思うでしょう。

ポイント
すべての場面で子どもが主体的になることは難しい。
まずはこれまでの学習を自ら振り返り選択場面を生み出す。

「対話的な学び」の意味するところを共有する

「対話」は子ども同士の話し合いだけではない。
対話の意味を具体的に捉える。
子どもの対話を捉え、価値づけする。

「対話的な学び」は子ども同士の話し合いだけではない

この項では「対話的な学び」に焦点を当てます。

学習指導要領に示された対話的な学びは、「子供同士の協働、教職員や地域の人との対話、先哲の考え方を手掛かりに考えること等を通じ、自己の考えを広げ深める対話的な学び」です。

「対話」という言葉から、**子ども同士の話し合いのみを対話と捉えている教職員が少なからずいます。**管理職として留意しておきましょう。

「対話」の意味を捉える

例えば、資料と自分の考えを比較することも対話だと伝えましょう。その際、資料の読み方で対話となるかどうかが決まると強調しておくことです。

「この資料に書かれていることと、あなたの考えとを比べながら読んでほしい。自分と同じ考えのところに直線を引き、違っているところやはじめて知ったことなどには、波線を引きながら読みなさいなど、資料と対話しながら読む方法を教えてください」などと、具体的に伝えると、若手教師も「対話」の意味をしっかりと捉えてくれることと思います。

また、「自己の考えを広げ深める」ことが対話であるとされている以上、**子ども同士の**

対話は、単なる情報伝達で終わってはダメだという認識を共有化しておきたいものです。

「僕はスパゲティが大好き」

「私はハンバーグよ」

というやりとりだけでは、会話であって対話とは言えません。

対話を捉え、価値づける

教師は、どのようにして子どもたちが対話しているかどうかを捉えたらよいだろうか、と考えてみると、なかなかの難問であることに気づかれるでしょう。

研究者には、子どもの机にレコーダーを置いて会話を記録・分析している方がおられます。しかし、これは現場で日常的にできることではありません。

次のようなことならできるのではないでしょうか。教員への伝え方を紹介します。

「子ども同士で対話させる場面をつくったら、**教師はまず全体を俯瞰すること**です。だれもが交流できているかを確認することが先決です。うまく交われていない子どもを見つけたら、その子どもの側に行って、近くの子どもとかかわりがもてるように支援をしてください。それができたら、さらに話し合っている様子をしっかりと観察してください。

全体の話し合いのときには意図的指名をします。『あなたたちは、とても真剣に、時には資料を見せ合いながら伝え合っていましたね。どんな話し合いをしていたか、とても聞きたくなりました。ぜひ再現してください』。このように**うまく対話している様子をほめて他へ広げていきましょう**」

この話を聞いた教師は、まずは自分自身がよりよい対話のイメージをもつことが大切だと感じることでしょう。

ポイント
学校全体で対話のイメージを共有し、対話と捉えられる場面では価値づけし合う。

研究授業で子どもの対話する力を育てる

研究授業参観は協働性を発揮する場と考えたい。

研究協議では、捉えた子どもの様子を伝え合う。

研究授業の翌日も子どもをほめることができる。

研究授業参観は協働性を発揮する場

前項に引き続き「対話的な学び」に焦点を当てます。

対話的な学びの場面では、教室を俯瞰することをおすすめしました。

この項では、研究授業など他人の授業を参観する際の対話的な学びの見方を提案します。

ペアやグループによる対話活動が始まったら、授業を見ている者はどうしたらよいでしょう。授業者がとても喜ぶ参観の仕方を提案します。

いかに優れた教師であっても、子どもたちが対話している内容のすべてを捉えることはできません。したがって、参観者が協力するのです。参観者は、手分けをして子どもたちの側に行き、どのような対話をしているかを聞き取りましょう。そして、**聞き取った内容を、後でよいので、授業者に伝える**のです。

これを参観者の共通行動として位置づけましょう。また、参観者には「協働性を発揮する場」と伝えましょう。間違いなく研究協議の質が上がります。

授業での子どもの様子を伝え合う

「AさんとBさんは、資料を見ながら、ある部分を使って説明することになりました。BさんがAさんに『どうしてここ？』と聞いたことから、とてもよい話し合いになったのです」

「Cさんは、ペアになる前の発言で恥をかいたと言っていました。でもD君が、『僕はいいと思ったよ』と言ったものだから、笑顔になりました。D君は、近くにいた私にも『Cさんの意見はよかったでしょ！』と言ったものだから、私もつい…」などと、協議の折に、子どもの対話の状況を伝え合える教職員集団は、まさに協働性がある集団です。

参観者全員で対話を捉えようとするからこそ、よい情報を得ることができます。授業者は、こうした子どもの姿を同僚から聞くことができれば、授業を提供してよかったと思うことでしょう。

また、**子どもたちの姿を報告し合う中で、子どもたちはこのような話し合いができるのだ、という新たな認識をもつこともある**と思います。

研究授業の翌日も重要

翌日にも研究協議会で得た情報を生かしたいものです。

授業者は、教室で次のように子どもたちに伝えるとよいでしょう。

「昨日の授業は、よくがんばってくれました。先生方にとてもよい学級だとほめられました。君たちのおかげです。Aさん、Bさん、Cさん、Dさんの話し合いが特によかったと話題になったよ。Bさんが『どうして?』と聞いたことがきっかけで、Aさんがすばらしい説明をしたとE先生が言っていたよ」

こうした話を聞いた子どもたちの気持ちを想像してみてください。先生たちが自分たちをよく見ていてくれたことに感激するでしょう。また、対話の認識も高めるはずです。

ポイント

対話の場面では、手分けして子どもの話し合いの内容を捉え、子どもたちがよりよい対話のイメージをもつように伝える。

見方・考え方が働く場面を語ることから「深い学び」を紐解く

「深い学び」は見方・考え方が働いた学び。
見方・考え方が働いた具体的な授業場面を話す。
深い学びのイメージを語れるようにする。

「深い学び」は見方・考え方が働いた学び

ここでは「深い学び」に焦点を当てます。

深い学びは、学習指導要領にかかわる資料で「習得・活用・探究の見通しの中で、教科等の特質に応じた見方や考え方を働かせて思考・判断・表現し、学習内容の深い理解につなげる学び」と説明されています。

管理職の立場で、教員にこのことをどのように伝え、具現化していくかを紹介します。

やや乱暴だと思われるかもしれませんが、「深い学び」＝「見方・考え方が働いた学び」と伝えます。

そして、**今日の授業では子どもにどのような見方・考え方を発揮させたいのか、あるいはどのような見方・考え方を認識させたいのかを、教材研究のたびに考えてほしいと話します。**

見方・考え方が働いた具体的な授業場面を話す

ただし、これだけではピンとこない教師がいます。具体例をあげて、次のように話すとよいでしょう。

「数学の例を話します。円の中に示された角度を求める問題がありますね。ある子どもが、補助線を引いて、あっという間に解いたとします。このときに、『よく解けたね』とほめるだけではダメです。『なぜ補助線を引いたのか』と問いかけてほしいのです。『補助線を引くと解けるから』などという理由にならない答えを言う者がいます。また『塾で習ったから』と、正直に言う子どももいます」

このように、**授業の一コマが浮かぶように話します。**

「この場合、本当にわかったと言える段階は、補助線を引く理由を明確に理解した段階です。既習の図形があらわれるように補助線を引くと、その図形の性質を使って問題解決することができます。だからここに補助線を引くのだと子どもが理解できてこそ、深い学びになったと言えるのです」

深い学びのイメージを語る

管理職であれば、自身の教科でよいので、このように深い学びについて具体的に語ってほしいと思います。

見方・考え方が備わっていない子どもの学習の苦しさを伝えると、さらに印象に残ります。

「子どもの中には、このタイプの問題はここに補助線を引くと解けるなど、解き方を問題ごとに覚えようとする者がいます。こんな気の毒な子どもを育ててはいけません。記憶での理解は、いつか限界が来ます。一生使える見方・考え方を身につけさせてください。そのためには、教師自身が教科の特質に応じた見方・考え方を理解しておくことが重要です」

この話をしたときに、

「中学生時代の私はまさにこの通りでした。覚えることだらけで、パンクしてしまいました」

と振り返っておられた方がいました。

ポイント

「深い学び」について、管理職としていくつかの具体的な授業場面で語る。
「深い学び」をしているときの子どもの姿をイメージする。

「深い学び」に親切すぎる授業は禁物と心得る

1年に数回の「深い学び」では、授業は深まらない。日々、ちょっとした見方・考え方を働かせることが大切。見方・考え方を育てるために親切すぎる先生にはならない。

1年に数回の「深い学び」では学びを深める力はつかない

前項に続き「深い学び」に焦点を当てます。日常の授業を踏まえた提案をします。深い学びの中にも、学習の深浅はあります。1年に数回、深い学びをしたところで、子どもに学びを深める力はつきません。**日々、ちょっとした見方・考え方を働かせる学習を**

重ねることで、深淵なところに達するものです。

日々の授業で見方・考え方を意識してほしいと伝える

まずは、些細なことでよいので、日々の授業で、見方・考え方を意識してほしいと職員に伝えましょう。そのうえで、次のような具体例を示すとよいでしょう。

「親切すぎるワークシートをつくらないでください。極端な例ですが、枠を見ただけで3文字の言葉が入るな、とわかるようなワークシートをつくっていませんか。枠の大きさは、解答に合わせる必要はありません。クイズ番組ではないのです。こんな大枠なのに、僕の答は2文字。本当にこれでいいのかな、と子どもに考えさせればよいのです」

親切すぎる先生にはならない

見方・考え方と言えるほどのことでありませんが、できるだけ子どもに考える機会を与えるためにこのような話をします。

「例えば、算数でxとyの二つの変数の関係を表でまとめる場面がありますね。親切すぎる先生は、あらかじめxの値をワークシートに書き込んでしまいます。不思議でなりません。xの最小値は何にしようかなと子どもが考えることに価値があるのです。さらに、子どもが『xが2倍、3倍になると、yも2倍、3倍になります』と発言したとしましょう。そのとき、先生方はどうつなぎますか。子どもに見方・考え方を意識させることができるよい場面です。『表を横に見て関係に気づいたね。これは一つの見方です。他の見方は？』と問いかけるのです。すると、表を縦に見たらよい、という考えが出てきますよ」

このような話から見方・考え方が働くイメージをもってもらいます。見方・考え方は、別の表現をすると、**今日の授業で一生覚えているとよいこと**だと伝えています。

ポイント

「深い学び」を生み出すには、教師が日々の授業において見方・考え方を意識していることと、子どもが考える場面をできるだけ増やすことが重要。

Chapter 9

これからの時代の管理職志願者に向けて

重い荷物を担ぐ覚悟をもつ

管理職はいつも重い荷物を担いでいる感覚。
覚悟のほどを質問で確かめられる。
教育委員会より重い荷物がある。

まずは自分の管理職選考受審紹介

管理職選考受審者のための章なので、まず自身の履歴を記しておきます。
管理職選考を受けたのは教員19年目です。
愛知県の場合は、自ら受審を希望するというよりは、校長等から勧められ、受審を決意する場合がほとんどです。

その年に合格となり、教員歴20年目に、中学校教頭に就任しました。教頭職は6年務めましたが、教頭3年目に校長試験を受け、合格後、3年経って中学校長となりました。

校長職を3年務め、県教育委員会へ異動して5年間を過ごし、2012年度から再び中学校長となりました。3年間務めた後、大学から誘いがあり、大学人となりました。

管理職はいつも肩で荷物を担いでいる感覚

今振り返ると、管理職であったときは、いつも肩になんとも表現しがたい荷物を担いでいる感じでした。

昨今の社会は、日に日にその荷物を重くしているような気がします。

仮に「もう一度、校長になりなさい」と言われても、「とんでもありません。私にはそのようなエネルギーは残っていません」と答えます。

下ろした荷物を再び担ごうとは思えません。

正直に心情を吐露したのは、管理職選考を受けようとする方に、**重い荷物をもとうという覚悟をもっておられるかどうかを確認したいから**です。

質問で覚悟のほどを訊ねる

管理職選考にかかわった経験から言うと、覚悟のほどは、質問を重ねるとわかります。受審者の中には、管理職になってもよい年齢になったので受けてみた、としか思えない方がおられます。このような方が管理職となっては、学校は絶対に困ります。私自身は、応答の内容にかかわらず、覚悟のほどが伝わってこない方には厳しい評価をさせていただきました。

まずは覚悟のほどを自らに問うていただきたいと思います。

管理職が担ぐ重い荷物

重い荷物の一例をあげておきます。

教育委員会に在籍していたときに、苦情受付担当をしたことがありました。このことを他人に話すと、大変さを想像し、同情していただけることが多くあります。

実はそれほどでもなかったというのが正直なところです。教育委員会はしっかり話を聞いた後、「校長に伝えておきます」と打ち切ることができるからです。

しかし、学校ではそれができません。**相談を受けた以上、管理職自身で最後まで対応するしかありません。**

この荷物は、精神的にとてつもなく重いものです。だからこそ、こうした荷物をもつ覚悟はありますかと問いたいのです。

ポイント
管理職という重い荷物を担ぐ覚悟をもつ。

積極的に学校を開く姿勢をもつ

学校を積極的に開いていこうという姿勢が何より大切。
地域や保護者には「報告」よりも「相談」を。
地域や保護者に考えを伝え、実施についての意見を求める。

学校を積極的に開いていこうという姿勢をもつ

管理職を目指している方は、学校を積極的に開いていこうとする姿勢をもってください。この姿勢に欠ける方は、地域や保護者からの理解や信頼を得ることが難しいと思います。

管理職を12年間経験したうえでの知見です。

地域や保護者には「報告」よりも「相談」を

私が、どのような経験を経てこのような考えに至ったかを紹介します。

新任校長として迎えた入学式の朝、校長室前の廊下で、区長の激しい声が聞こえました。出て行くと、かなりの勢いで教頭に対して怒っておられました。

話を聞いてみると、区長への入学式案内を出し忘れていて、昨晩、電話で案内をしたことが原因でした。

「4月から赴任した校長です」と自己紹介し、責任者として非礼をお詫びしました。学校を支えていただく区長との出会いがこのような具合で、これから何かと批判を受けることになったらどうしようと心配になりました。

入学式の翌日、区長に改めてお詫びし、「地域とのつながりを大切にしたい。総合的な学習の時間において、ぜひとも力添えをいただきたい。そのための知恵をいただきたい」と伝えました。

昨日とは打って変わって、物腰柔らかく、新任校長の思いをよく聞いていただけました。

「全面的にバックアップする」との言葉もいただけました。

例えば、学校が地域清掃をすると耳にすれば、市役所へ出かけ、道具やゴミ袋を調達してくださり、地域の方々には学校の取り組みを知らせ、生徒のがんばりに声をかけてほしいと伝達していただけました。迅速に動いてくださる区長に何度も助けていただき、励ましもしていただけました。

この区長との出会いで、**学校の思いを伝える大切さを痛感し、校長・副校長（教頭）の姿勢一つで、学校への評価が変わることを体感しました。**地域やPTA役員へは、「報告」よりも「相談」することが重要だとも学びました。

取り組みたいことを伝えて実施についての意見を求める

校長になって毎年必ず実施していたことがあります。PTA役員や地域コーディネーターに、今年度取り組みたい事柄を伝え、その実施についての意見を求めることです。

「皆さんのご意見をお聞きしたうえで、実際に行うかどうかを決めたいと思います」

この私の発言に皆さん驚かれましたが、学校をともにつくっていきたいという気持ちは伝わりました。

こうしたこともあって、管理職選考の面接官となったときには、

「地域や保護者との関係づくりをどのように進めていきたいと考えますか」

と訊ねました。積極的に学校を開いていこうという考えをもっておられるかを確かめたかったからです。

ポイント
地域や保護者には、学校を一緒につくっていきたいという気持ちを伝える。

「いい学校」像を文章化する

「いい学校」とはどんな学校か。
血が通っていない飾り物の言葉では相手に伝わらない。
学校の進むべき方向、理念を共有化するために文章化をする。

『いい会社をつくりましょう』を参考に

これまで読んだビジネス書で、学校経営上、一番参考になった書籍は、『いい会社をつくりましょう』（文屋）です。著者は、伊那食品工業株式会社代表取締役会長の塚越寛氏です。

塚越氏は、リーダーは会社の理念や進む方向を語り、社是にして社員全員に伝えるべきだとして、「いい会社」を次のように言っておられます。

「単に経営上の数字が良いというだけでなく、会社をとりまくすべての人々が、日常会話の中で『いい会社だね』と言ってくださるような会社の事です。『いい会社』は自分たちを含め、すべての人々をハッピーにします。そこに『いい会社』を作る真の意味があるのです」

塚越氏に習い、**学校のリーダーもできる限り平易な言葉で自分の考えを子どもや保護者、地域住民、そして教職員に伝えるべき**です。

そこで、管理職選考準備の段階で、自身が考える「いい学校」について、塚越氏のようにわかりやすい言葉で文章化することをおすすめします。

血が通っていない言葉には違和感をもたれる

それというのも、面接時にいったい何を言いたいのかつかめない話をする方がおられるからです。

文部科学省発行の文書にあるような単語を駆使する必要はまったくありません。そのような言葉を羅列した回答では、血が通っていない飾り物の言葉に違和感を覚えて、リーダーとしては不適格であると判断されます。

「『いい学校だね』と言ってくださるような学校をつくりたいと思います」

といった表現では、稚拙だと心配される方があるでしょう。しかし、そうではありません。まずは聴き手がイメージをもてる言い回しをして、その後、具体例を示した方がよく伝わります。

「『いい学校だね』と皆さんに言われるというのは、学校の現在を認めていただいているということだと思うのです。教職員がいい学校だと表現できるのは、自分たちの教育活動に自信があるということだと思うのです」

このように、相手がイメージをより明確にするように話を組み立てます。

進むべき方向、理念を共有する

また、塚越氏は「理想の金太郎飴を目指そう」と言っています。みんなが進むべき方向、理念を共有することが大切だということです。

「金太郎飴」という言葉に、だれもが同じ志をもっていたいという願いを込めたのだと理解しましょう。

私の校長時代には、「ABCDの原則（A＝当たり前のことを、B＝バカにせず、C＝ちゃんとやれる人こそ、D＝できる人）」という言葉に願いを込め、生徒のみならず、教職員にも何度も伝えました。大学に異動しても、学生に人のあり方として同様に言っています。

管理職選考は、あなたが抱いている目指す学校像を明確にするよい機会です。

ポイント
自分が考える理想の学校像を文章化する。

管理職選考に合格できない4タイプを知る

よい人を演じる人、責任を相手になすりつける人は合格できない。
決断力が乏しい人は合格できない。
教育の動向に疎い人は合格できない。

タイプ1「よい人を演じている人」

管理職選考でなかなか合格できない方がいます。合格できない方には、共通項としてのタイプがあります。

第一に、「よい人を演じているタイプ」です。教職員からいろいろな要望や意見を言われて、その場では「はい、はい」と了解しますが、その後、一向に動かない人です。嫌われないようにしたいという思いから、よい返事はするものの、自ら解決策を示したり、根回しをしたりなど手立てを打とうとしないのです。教職員から、**「人あたりはいいけれど、頼りにならない」**と言われるタイプの人です。

タイプ2「あなたのやり方がよくなかったという人」

第二に、相談をされると「あなたに任せる」と下駄を預けておきながら、うまくいかないと「あなたのやり方がよくなかった」という方です。このタイプは**「あの人の下では働きたくない」**と言われます。

ある社長から、こんな話を聞きました。

「新入社員の採用を決めるときには、自分はその社員の人生に責任をもつことができるかと自問自答します。いずれ彼らが所帯をもつと考えれば、その社員の人生だけではなく、家族を含めた複数人の人生を支えなくてはいけないからです」

社長はもうひと言つけ加えようとされましたが、口を閉じました。自分には、「校長先生はいいですね。そこまで責任を負うことはないですからね」と、社長の声なき声が聞こえました。

社長と校長の立場は様々な点で違いますが、社長から話を聞いたときに、思わず「自分は校長として、社長のように教職員に責任を感じているだろうか」と我が身を振り返りました。

タイプ3「決断力が鈍い人」

合格しない方の共通項の三つ目は、決断力が鈍いタイプです。私が抱くそのタイプのイメージは**「人柄がとてもよい副校長（教頭）」**です。人柄がよいので、教職員からは慕われていますが、教職員は教頭に相談しても、「校長先生に聞いてみます」と言うに決まっていると思っているので、いざというときには頼りにされません。

こうした副校長（教頭）は、肝心な相談や情報が素通りして、校長に直接相談されてしまいます。

そうならないために、副校長（教頭）が決断すればよいことは指示したうえで、「このように教職員には言っておきました」と校長に報告すればよいのです。

タイプ4「教育の動きに疎い人」

共通項の四つ目は、教育の動きに疎い人です。現在で言えば、「主体的・対話的で深い学び」や「ユニバーサルデザイン」という言葉すら知らない人です。

こういう方は主幹・教務主任との会話で教育の深い話はできません。学校教育に関する愚痴、不満などはスラスラ出てくるのに、肝心な教育の本質を突く話が出てこないからです。**こういう方に限って、自分の視野の狭さは微塵も感じていません。**自分が代表して不満を言っているという、むしろ英雄気取りの人も少なくありません。

ポイント
自分がどれかのタイプに当てはまっていないかを点検する。

見た目と伝え方が９割と心得る

管理職としてふさわしい「見た目」が大切。「伝え方」が管理職登用判定を左右する。伝え方のポイントを意識して自分を磨く。

管理職は「見た目が9割」

『人は見た目が９割』（竹内一郎著、新潮新書）という、大変ヒットした本があります。この書名を借りれば、「校長は見た目が９割」「副校長や教頭もやっぱり見た目が９割」と言えます。面接時には、この人ならば管理職になってもおかしくないという雰囲気を出したいものです。

面接は、だれもが緊張するものです。緊張は、高みを目指そうとする気持ちの高揚だとプラスに考えることです。

「どのような質問がされるのかを楽しみにしてきました」という気持ちで面接に臨みましょう。そのような心境にはとてもなれないかもしれませんが、相手を飲み込むほどの気持ちで臨めば、けっしてオロオロ状態にはならないはずです。

管理職登用判定は「伝え方」で左右される

管理職選考の面接官を経験した方に会う機会がありました。合否判定を左右する事柄を聞いてみたところ、「『伝え方が9割』という書籍があるが、まさに伝え方で判定が大きく左右される」ということでした。

管理職面接において、的を大きく外して頓珍漢な回答をする方はまずいません。みなさん管理職になってもおかしくない経験と、それなりの人柄の持ち主です。一般的な質問に対しては、ほぼ同じ内容の回答がなされます。だからこそ、伝え方が大事なのです。伝え方によって受け取る側の印象が随分変わり、判定が左右されます。

玉置流・伝え方のポイント

玉置流ですが、伝え方のポイントを示しておきましょう。

例えば、「あなたは校長です。どのような学校をつくりたいですか」と聞かれたとします。

私なら瞬時に、「学ぶことの楽しさが実感できる学校」「子どもからも保護者からも教職員からも愛される学校」などといった言い切り型フレーズを決めます。

ここからが大切です。**質問者の首あたり（相手の目を見ると緊張するので、若干下がい）に視線を向け、目をしっかりと開き、「はい、学ぶことの楽しさが実感できる学校です」と、自分の考えに信念をもっていることが伝わるように答えます。**

もちろん一本調子ではいけません。私なら、次のように抑揚をつけます。

はっきり「はい」と答えて、少し間をあけます。「学ぶことの楽しさが」までは、ややトーンを落として一気に話します。そして間をあけて「実感できる」を「はい」以上にしっかりと強く伝え、「学校です」は再びトーンを落として話します。

実践するための具体例は一つで十分です。「学ぶことの楽しさが実感できる学校とするために、校長として、そのことがわかる講話を継続していきたいと思います。校長講話は授業と同じだと考えているからです」など、その光景が浮かぶように話しましょう。

つまり、校長として自らどう動くかを相手に伝えることです。

面接官はあなたの校長としての心意気を確かめているのです。あなたの学校づくりを参考にするために聞いているのでありません。

決して「具体化は教職員とともに考えていきたいです」と答えてはいけません。校長としてのやる気が疑われてしまいます。

ポイント
管理職に相応しい「見た目」と「伝え方」を意識する。

実績書に書くことがないのは仕事をしてない証拠と心得る

「実績書」は最下段まで書くのが当たり前と考える。たとえ主役でなくても、その立場で動いたことはあるはず。参加者のニーズを考えると従来の枠外のこともできる。

「実績書」は最下段まで書く

多くの自治体では、管理職選考で「実績書」あるいは「身上書」などの書類を提出させます。地域によって違いはありますが、A４判２枚程度が一般的です。

まず、与えられた紙面を埋め尽くすことが大切です。**行数が40行なら、40行目まで記述**

してください。1行でも空いていれば面接官はよい印象をもちません。こんなわずかな行数を埋められないとは、誇れるだけの仕事をしていないに違いないと考えます。

「研究主任でなかったので実績書に書けない」はおかしい

校長選考の面接で「研究指定校を受けたのですが、研究主任ではなかったので実績書に書いていいものかどうかとても困りました」と語った人がいました。「あなたは教頭の仕事をしているつもりになっているだけだ」と心の中で叫んでしまいました。実績書に記載しやすい項目の一つが研究指定校で勤務した記録です。研究主任でなかったので書けないという認識では、「私は教頭として何も研究に貢献しませんでした」と言っているのと同じです。**組織で動いている以上、必ずそれぞれの立場で果たすべき事柄があるはず**です。

研究発表会で教頭ブースを設ける

教頭のとき、勤務校が文部科学省指定校となり「学校支援ボランティアとともに創る教育」というテーマで2年間研究をしました。研究の進め方を研究主任と何度も相談し、外部との折衝は立場上自分が中心となって行いました。国や県、市から配当された研究予算の執行も教頭の仕事と認識し、予算がより効果的に活用できるよう最大限配慮しました。

研究発表会では、教頭ブースを設けましたが、市教委から「当日は、教頭は職員室にいるべき」との指導を受けました。その仕事内容（留守番と緊急対応）は他の教職員にもできると考え、校長の許可を得て、当初の考え通り、ブースを開設しました。

教頭ブースは、教頭がどのように研究にかかわったかを参加者にプレゼンする場です。それまで、発表会に参加するたびに、ここまで研究を引き上げるために教頭がどうかかわったかを知りたいのに、それが皆目わからなかったからです。そこで自校が研究発表をすることになったとき、**同職に満足してもらおうとブースを設けた**のです。

こうして、自信をもって実績書に研究指定を受けたことを書けました。

ポイント
日頃の取組次第で、実績書に書く事項に困ることはなくなる。

日々の出来事を「自分事」として捉える

日々の出来事への対応が管理職選考に生きると肝に銘じる。
いつかは管理職になり学校づくりをしようという気持ちをもつ。
経験は意図的に積んで整理しなければ、次に生かすことはできない。

管理職選考の最良の準備は、日々の出来事を「自分事」とすること

管理職選考を受審するにあたって、選考日の2、3か月前から日々時間を決めて、集中的に準備することは必要です。しかし、「1、2年も前から勉強を重ねて準備してきました」という方には、そのようにして臨むものではありませんと伝えます。否定的に述べた

のは、学校で発生する様々な問題を常に自分事として捉えることが、管理職選考の最良の準備だからです。

私自身、教頭選考前に先輩に不安を伝えたところ、次のように言われました。

「法規や教育行政については勉強をしなければいけないが、面接の応答は、日々学校で起こる様々な問題をどれほど自分事として捉えてきたかが垣間見えるものだ。例えば、保護者対応の質問なら、わざわざ勉強しなくても、すぐにでも最適解を述べることができないといけない。そういう意味では、もう勝負がついている」

いつかは管理職となろうという気持ちをもっていること

管理職になって、学校づくりをしようという気持ちをもっていれば、管理職の言動を見聞きし、大いに学んでいるはずです。校内外で発生する諸問題についても、直接関係がなくとも、その対応の仕方やその後について関心をもち、己が管理職であったら、と考えることもあるでしょう。自分事として考える積み重ねが、管理職選考のための重要な準備です。

経験は意図的に積んで整理をしなければならない

国語の授業名人である野口芳宏先生は、「経験は意図的に積んで整理をしなければならない」と言っておられます。例えば、保健体育の授業でけがをした子どもがいたとき、担任や養護教諭が、けがの状態を教頭や校長に報告して、指示を仰ぐ場合があります。そのときに自分事として意図的にその指示内容を得ているかどうかが大切なのです。自身が教務主任であったときは、隣席が教頭であったために、指示内容を直接耳にすることができました。一貫していたのは、首より上であれば、どのような小さなけがであっても躊躇なく病院へ連れていくということでした。

病院にいる養護教諭から連絡があれば、温かい言葉で労うなど、管理職の姿勢も学びました。**こうした事柄は、選考問題集では学ぶことはできません。**

ポイント
管理職の日々の言動や動向から大いに学ぶ。

【著者紹介】

玉置　崇（たまおき　たかし）

1956年生まれ。公立小中学校教諭、国立大学附属中学校教官、中学校教頭、校長、県教育委員会主査、教育事務所長などを経て、2012年度から３年間、愛知県小牧市立小牧中学校長。2015年度より岐阜聖徳学園大学教授。

文部科学省「中央教育審議会」専門委員、「小中一貫教育に関する調査研究協力者会議」委員、「総合型校務支援システム導入実証研究事業」委員会委員長などを歴任。

著書に『仕事に押し潰されず、スマートに学校を動かす！　スクールリーダーのための「超」時間術』『実務が必ずうまくいく　中学校長の仕事術　55の心得』『主任から校長まで　学校を元気にするチームリーダーの仕事術』（以上すべて明治図書、単著）、『「愛される学校」の作り方』（プラネクサス、共著）、『落語家直伝　うまい！授業のつくりかた』（誠文堂新光社、監修）など、多数。

働き方改革時代の校長・副校長のための
スクールマネジメント・ブック

2019年４月初版第１刷刊　©著　者　玉　置　崇
2020年１月初版第３刷刊　発行者　藤　原　光　政
発行所　明治図書出版株式会社
http://www.meijitosho.co.jp
（企画）矢口郁雄（校正）大内奈々子
〒114-0023　東京都北区滝野川7-46-1
振替00160-5-151318　電話03(5907)6701
ご注文窓口　電話03(5907)6668
＊検印省略　組版所　株　式　会　社　カ　シ　ヨ

Printed in Japan　ISBN978-4-18-060344-2